谢涛说真三国

谢涛　昊天牧云　著

伍

浙江工商大学出版社
ZHEJIANG GONGSHANG UNIVERSITY PRESS
杭州

图书在版编目（CIP）数据

谢涛说真三国．伍／谢涛，昊天牧云著．— 杭州：浙江工商大学出版社，2019.11

ISBN 978-7-5178-3362-8

Ⅰ．①谢… Ⅱ．①谢… ②昊… Ⅲ．①中国历史－三国时代－通俗读物 Ⅳ．① K236.09

中国版本图书馆 CIP 数据核字 (2019) 第 150965 号

谢涛说真三国 （伍）

XIETAO SHUOZHENSANGUO (WU)

谢　涛　昊天牧云　著

责任编辑　徐　凌
封面设计　新艺书文化
责任印制　包建辉
出版发行　浙江工商大学出版社
（杭州市教工路 198 号　邮政编码 310012）
（E-mail:zjgsupress@163.com）
（网址 :http://www.zjgsupress.com）
电　　话　0571-88904980　88831806（传真）
排　　版　程海林
印　　刷　北京晨旭印刷厂
开　　本　787mm × 1092mm　1/16
印　　张　16
字　　数　198 千
版 印 次　2019 年 11 月第 1 版　2019 年 11 月第 1 次印刷
书　　号　ISBN 978-7-5178-3362-8
定　　价　49.00 元

目
录

第四章　曹操兵发汉中

第五章　孙权的小心思

第六章　曹操的继承人

第七章　继承人争夺战尘埃落定

第八章　曹刘再战汉中

第九章　关羽北伐

第十章　孙曹合谋荆州

第十一章　关羽最后的挣扎

第十二章　群星陨落

第一章

刘备治蜀

治蜀之初

刘备入主成都以后，没多久就碰上了天旱，天一旱粮食就减产了，粮荒也就跟着来了。由于当时的酒多为粮食所酿，所以刘备下了禁酒令，禁止私人酿酒，如果有人违反，就对其从重处罚。

没过多久，执法人员从百姓家里搜到了酿酒器具。虽然没被抓到酿酒的现行，却实实在在有作案工具。于是，大家开始讨论这种行为算不算违法，是否要将他们和酿酒犯一同处罚。有人认为，私藏酿酒工具就该跟私下酿酒同罪；有人认为，私藏酿酒工具就被处罚显得太过冤枉。其中，后一种意见占据了大多数，可是谁都不敢向刘备提意见，怕主公一不高兴，把自己问罪了。

这时，看起来不正经的简雍开始用自己独有的幽默方式帮这些人说话了。因为他和刘备是发小，两个人经常待在一块儿，所以他劝谏的方法也和一般人不同。有一天，简雍和刘备一起出行游玩，恰好看见一对男女在路上结伴而行，简雍便故作神秘地对刘备说了句话："彼人欲行淫，何以不缚？"简雍的意思是，老大，那对男女想要在路上做淫秽之事，你为什么不把他们绑起来呢?

刘备听完，觉得简雍的想法实在是太奇怪了，一对男女只是亲密地走在一起，你就说他们有那种想法，真是太龌龊了。于是，他问了一句：“卿何以知之?”简雍一听，眼睛立马瞪了起来，好像不能理解刘备为什么会这样问，解释道：“彼有其具，与欲酿者同。”意思是说，他们二人虽然还没有通奸，但是带有行淫的工具，这与百姓家里私藏酿酒工具，就肯定会酿酒是一样的道理啊！刘备听完后立刻哈哈大笑起来，知道酿酒工具这件事是自己做错了，便马上赦免了那些因家里有酿酒工具而被抓起来的人。

上面这件事证明，刘备还是能听进别人意见的，并且知错能改，但也从侧面反映出刘备在治理方面是存在缺陷的。至少在刘备刚得到益州的时候，他的治理方式是比较混乱的，甚至是恶劣的。这与刘备之前攻打成都时的激励政策直接相关。当初刘备攻打益州时不太顺利，为了鼓舞士气，他对士兵们许下承诺：“若事定，府库百物，孤无预焉。”刘备的意思是，如果能攻破成都，官府仓库里的财物他一分不要，大家随便拿，他绝不干预。

其实仔细想想就知道，刘备这话说得特别欠考虑。如果官府仓库的东西可以随便拿走，那么百姓家里的东西是不是也能随便拿走了?之前在长坂坡，刘备携十万民众渡江的传奇经历，树立了他在百姓中无比高大的光辉形象。但是，这次在霸业面前，刘备忍不住撕下了自己仁义的面纱。

因为有刘备之前的承诺，将士们进入成都后，便迫不及待地扔掉武器，直奔府库而去。看到府库的财物以后，士兵们马上没了纪律，开始哄抢起来，有些士兵甚至因为争夺财物而发生了争斗。看到士兵们乱作一团地争抢财物，刘备很是担忧，怕小范围的争斗慢慢演变成大的动乱，自己刚拿下益州，时局本来就不太稳定，如果因为这件事消耗了兵力，就太不值当了。为此，刘备特意发布了法令，先把府库的财物统一收集起来，再按劳分配。而且，还明令禁止士兵抢夺百姓家中的财产和物品。通过这种方法，成都的局势总算平稳了下来。

刘备除了分发财物给士兵以外，还重重打赏了手下的关键人物。据《三国志·张飞传》的记载："益州既平，赐诸葛亮、法正、飞及关羽金各五百斤，银千斤，钱五千万，锦千匹，其余颁赐各有差。"这个数字实在是太夸张了，在战乱的年代，这些钱差不多是一座城市一年的 GDP 了，可刘备大手一挥，这些财富便直接归入了个人的腰包。至于其他手下怎么想，百姓过得苦不苦，这些事刘备完全没考虑过。

赏赐给这几个人大量的钱财之后，刘备还觉得不够，应该再给他们更多的奖励。恰巧有人提出建议，应该把成都的肥田沃土和住宅分给将领们，刘备觉得这个建议不错，打算就这么办了。这时，终于有人忍不住站出来反对了，这个人就是赵云。

为什么不是诸葛亮或法正呢？诸葛亮是聪明人，法正是在益州成长起来的，要说能真正关心益州百姓的，应该就他们两个人了吧？但是，这回还真不是他们。这两位都在上面的重赏名单里，所以都明智地闭嘴了。

这时站出来反对的是赵云，他没有在这个重赏名单当中，自然有底气出来提反对意见。赵云看到益州虽然和平解放了，但是大街小巷混乱不堪。虽说手下士兵没有到处杀人，但是把别人的财产都抢走了，这不就等于抢了别人的命根子吗？他忧心忡忡地对刘备说："霍去病以匈奴未灭，无用家为。今国贼非但匈奴，未可求安也。须天下都定，各反桑梓，归耕本土，乃其宜耳。益州人民，初罹兵革，田宅皆可归还，令安居复业，然后可役调，得其欢心，不宜夺之以私所爱也。”赵云这段话的意思是，当年名将霍去病曾说，匈奴未灭，何以家为。现在的国贼比当年的匈奴还要凶悍，所以我们不应该贪图一时的安乐。即便天下太平了，我们也应该回到各自家乡，在自己的田地上耕作，这才是正道。益州的百姓刚刚遭受过战乱灾祸，我们应该归还他们的田产和住宅，让他们安居乐业，恢复生产，然后再向他们征收赋税和征发兵役，就可以获得他们的好感了。所以，您现在不应该夺取他们的财物来分给自己宠爱的将领们。

在一片乱哄哄的环境中，在巨大的诱惑面前，赵云有这样的想法确实难得。刘备听后觉得赵云说得很有道理，便放弃了分封田地和住宅给将领们的建议。

刘备进驻成都以后，除了马上分发财物、大赏将士之外，另一件重要的事情就是解决人手不足的问题。由于刘备这些年到处乱跑，几乎没有什么像样的根据地，所以跟在他身边的死忠将领数量并不多。现在突然有了这么一大块地盘，需要大量人才帮刘备干活，因此就地取材就是必须要做的事了。益州人士只要愿意跟着他的，统统可以得到重用。

在选拔人才这件事上，刘备的眼光还是不错的，他马上提拔了一大批人，让他们当益州的公务员，还让其中的优秀人才直接进入决策层，成为高级参谋。这当中的很多人日后都成为蜀汉集团的骨干，比如益州太守董和就被任命为掌军中郎将，并置左将军府事，与诸葛亮共同主持刘备府内的事务。

此外，刘备还注意整合集团中来自不同地区的优秀人才，任命军议校尉法正为蜀郡太守、扬武将军，裨将军黄忠为讨虏将军，从事中郎麋竺为安汉将军，简雍为昭德将军，孙乾为秉忠将军，黄权为偏将军，许靖为左将军长史，庞羲为司马，李严为犍为太守，费观为巴郡太守，伊籍为从事中郎，刘巴为西曹掾，彭羕为益州治中从事等。这些人在刘备集团当中都赫赫有名，为刘备集团的做大做强贡献了不少力量。

不值钱的直百钱

如前所述，刘备进入成都以后大散钱财来奖励军士，使军队士气得到了有效提升。但是，也带来了不少问题，其中最严重的问题就是军费不足。对此，刘备深感忧虑。

这个时候，他手下有个聪明人站出来了，给他出了一个高招。这个人正是刘巴。刘巴，字子初，荆州零陵郡烝阳县（今湖南省衡阳县、邵东县一带）人，他的才能十分出众，是蜀汉重要的名臣。刘巴虽然在《三国演义》里戏不多，但在《三国志》中是有单独列传的。那么，刘巴给刘备出了一个什么高招呢？刘巴说：“此易耳。但当铸直百钱，平诸物价，令吏为官市。”刘巴觉得解决军费不足的问题很简单，只要铸造一种新的叫直百钱的钱币，平抑物价，并让官吏设立相应的官市就可以了。

刘巴的这招确实是个高招，现在百姓手里拿的都是五铢钱，如果可以发行一种新版的钱币，一枚相当于过去的一百枚，然后命令百姓必须限期将手中的五铢钱换成新版的钱币。这样，一边采用强制措施平抑物价，一边把旧钱换成新钱，不就可以财源滚滚了吗？

这个方法确实不错，可以简单有效地解决府库缺钱的问题。刘备听完，稍微思考了一下，决定就按刘巴说的办了。于是，一种崭新的货币——直百钱诞生了。

为了配合直百钱的顺利发行，刘备还提前发了通知，百姓以后必须全部改用直百钱，并作废了之前通行的五铢钱。而且，百姓还需要尽快把手里的五铢钱换成直百钱，过期不再兑换。“直百钱”里的“直”写作“直来直去”的“直”，但实际上，它是“价值”的“值”的通假字，即一个直百钱值一百个五铢钱。

五铢钱是当时的通用货币，虽然在价值上有波动，但是民间始终在拿这种货币进行交换。现在刘备下令用直百钱代替五铢钱，这当中的奥妙是什么呢?

古代用贵金属做货币的时候，货币的价值和其使用的贵金属的含量是密不可分的。举个简单的例子，当时的人如果去买一样东西，比如买一头牛，这头牛的标价是 3 两金子。如果买主从兜里掏出一块价值为一两重的金子，说要买这头牛，卖牛的人自然不会同意，因为这块金子的价值是一两，而不是 3 两。

五铢钱也是同样的道理。五铢钱是指钱中铜的含量为五铢，而刘备公布的新货币直百钱，一枚可以换一百枚五铢钱。按照刚才说的货币等值兑换原则，直百钱应该有五百铢重。那么，五百株有多重呢？在这之前，先让我们了解一下古代的一铢有多重。有一种说法是，古时的二十四铢相当于旧制的一两，旧制的一斤为 16 两。所以，一两就相当于 31.25 克，换算下来，一铢差不多是 1.3 克。因为直百钱等于五百铢，所以一枚直百钱的重量应该相当于现在的一斤多，人们携带或使用起来肯定不方便。

不过，百姓根本不用担心这个问题，据相关文献记载，刘备造出来的直百钱开始只有八九克重，离实际重量还差得远。这当中相差的重量也就等于了差值，而这些差值自然都归国库所有。这样，就在不知不觉中增加了国库的收入。

到了后期，一开始有八九克重的直百钱经过偷工减料，其价值甚至不如原来的五铢钱。原来的直百钱以铜为原料，后来开始用铁，不仅使钱币的材质变了，而且连重量也变了。最离谱的时候，居然造出了只有零点八克重的迷你型货币。分量减轻到如此夸张的地步，按理说它的价值也应该低得离谱了。可是，官方依旧强制推行这种货币，不管是什么版本的直百钱，都是一枚抵一百枚五铢钱。这就相当坑人了，类似于现在有人掏出一张新版的一块钱，要当过去的一百块钱使用。

刘备刚推出直百钱时，因为百姓很信任他，所以都自愿地把家里的五铢钱拿到官府兑换成直百钱。但是，随着时间的推移，百姓慢慢觉得事情不对味了，直百钱越来越不值钱。原来可以买一件衣服的钱，现在连一个衣袖都买不起了。大家还发现，虽然自己的钱变少了，但刘备府库里的钱却在不断增加，很快又变得充盈了。

尝到了货币改革的甜头后，刘备更加依赖这种“变钱”的方法。只要国库紧张，就加紧制造直百钱，之后再去百姓那里兑换他们的五铢钱。如此反复循环，直百钱的钱币价值越来越低，其代表的金额却越来越高。另外，直百钱的重量和大小也在不停地变化着。据史料记载，最早的直百钱直径七分、重四铢，后来的直百钱直径一寸一分、重半铢。

可能有人会替刘备辩解，说他出台这样的货币政策是形势所逼、迫不得已，但这种解释根本站不住脚。第一，士兵抢劫府库是谁放纵的？答案正是刘备。第二，这些士兵是解放者吗？不是，他们明明是侵略者，和之前的统治者并没有太大的区别。这样的政策一出台，吃苦的就只有百姓而已。百姓的钱都是他们自己辛苦挣来的，钱一贬值，之前所受的辛劳就跟着不值钱了，这难道不是一种天大的冤枉吗？由此我们不难看出，刘备确实有仁义的一面，但是他的仁义并不全部代表正义。

不可缺少的法正

刘备进入益州以后，经过一系列的人事调整，逐渐形成了自己的人才队伍体系。据《三国志·先主传》记载，刘备以“诸葛亮为股肱，法正为谋主，关羽、张飞、马超为爪牙，许靖、麋竺、简雍为宾友”，使人才得到了充分的利用。其中，作为谋主的法正成为刘备身边最大的红人。

法正，字孝直，扶风（今陕西省眉县金渠镇）人，是刘备进入成都后最先被重用的人之一。法正以前在益州当官时，虽然个人能力非常突出，但因为人品不太好，所以旧主刘璋老是看他不顺眼，这么多年来，每次提拔都没他的份儿。后来法正投奔刘备，在庞统被那支来历不明的乱箭射中以后，他随即被刘备提拔，接替了庞统的位置。庞统当时的位置和诸葛亮并列，而且以那段时间曝光度的多少做比较的话，实际上法正已经力压诸葛亮，成为刘备手下的第一谋士了。

如前所述，法正最大的特点就是水平高，人品差。他跟所有小人得志的人是一样的，一旦有了权力，个性就完全显现出来了。据《三国志·法正传》的记载，法正“一飧之德，睚眦之怨，无不报复，擅杀毁伤己者数人”。谁要是得罪了他，不管是有心还是无意，他都会立刻杀机大起。这种做法真是太过分了，后来有人就把这事儿投诉到诸葛亮那里去了。可是又能怎么样呢？刘备太信任他了。

其实，刘备喜欢法正也是有一定道理的。刘备之所以能有益州这块儿根据地，事业有了大发展，法正和张松这两个内应居功至伟。但很可惜的是，张松倒在了胜利的前夜。刘备对此深感惋惜，于是，他把对张松的感情叠加到了法正的身上，这也是人之常情。

当然，法正也是聪明人，知道这一切都是以自己的本事为前提的，无论是政治军事，抑或是个人情感，法正的手腕都很多。这个时候的刘备虽然在事业上如火如荼，但个人情感却属于空窗期，他最爱的甘夫人在赤壁之战结束后没多久就去世了。而糜夫人，有一种说法是她和甘夫人一起逃命的时候，被抓到曹军那里，最后死于非命。这种说法只是一家之言，但大家基本的共识就是糜夫人比甘夫人去世得早。

本来刘备还有一段浪漫情缘，在荆州发展事业的时候，孙权曾把自己的亲妹妹嫁给他，双方成为亲戚。孙权早前还叫刘备一起联手攻打益州，可是当妹夫的刘备死活不愿意，最后被逼急了，还撂下一句狠话："汝欲取蜀，吾当披发入山，不失信于天下也。"意思是说，你要是再逼我去攻打益州，我就跑到山里去隐居，以免对天下人失信。当时的孙权因为通不过刘备的地盘，也担心妹妹以后的生活质量受到影响，所以就放弃了攻打益州的计划。

结果没想到，刘备背着孙权偷偷地把益州拿下了，有了一整块儿的根据地。这下可把孙权气得够呛，亲戚算是彻底当不成了，孙权的妹妹也回娘家去了。孙权的妹妹一走，刘备便成了事实上的单身汉。于是，大家又开始为刘备张罗起了婚事。

刘备的下属在为他物色夫人人选时，一开始的标准是漂亮，但很快就有人提出了反对意见，这是在选择夫人，不是在选拔小妾。领导夫人的标准应该是不求最美，但求最贵！这里说到的贵，是指出身贵、气质贵，简单来说，就是要门当户对。这么一来，情况就复杂了，经过几轮角逐后，大家终于艰难地取得了一致意见，这个人选就是刘瑁的寡妻吴氏。吴氏是吴懿的妹妹，她能够入选的最重要的原因就是她有旺夫相，《三国志》里说她“善相者相后当大贵”。

吴氏之前的丈夫刘瑁是益州旧主刘璋的三哥，当时已经去世，按理说刘备娶她没有什么困难。但问题是，大家的意见不等于当事人的意见，刘备对此很是犹豫。因为刘备和刘瑁属于同宗，自己刚刚霸占了人家的地盘，现在又要霸占人家的女人，说出去实在不好听。原本大家都指望着吴氏能让刘备从此发达起来，可现在领导这么犹豫，大家都有点失望了。

这时，有个真小人却暗自偷笑起来，如果刘备真的看重和刘瑁同宗这件事的话，就不会明目张胆地来抢地盘了。要做小人的时候推推挡挡，做了小人还遮遮掩掩，真是有点虚伪！有这种想法的真小人，不是别人，正是法正。法正看穿这一点后，很有信心地对大家保证，自己肯定让主公答应下来这门亲事。

法正找到刘备，给刘备说了一个与晋文公和姬圉相关的典故。当初，晋文公重耳娶了一个身份不一般的女人，是他的亲侄子晋怀公姬圉的妻子，名字叫怀嬴。当年重耳在各国流浪的时候，他的弟弟晋惠公夷吾在位。后来，晋惠公把儿子姬圉送到秦国做人质。秦王为了让姬圉留在秦国，便把与自己同宗的女儿怀嬴嫁给了他。没想到，姬圉没有念及儿女私情，还是找机会逃回了晋国。秦王知道姬圉逃跑后十分愤怒，就把正在楚国流亡的重耳接到了秦国，并把怀嬴嫁给了他。当时重耳也是有些犹豫的，但是为了大局，最后还是点头答应了。

法正把这段故事搬出来，就是为了鼓励刘备放下思想包袱，不要在乎别人说了什么。当年的晋文公就是这么做的，而且他抢的还是亲侄子的夫人。法正的意思是，主公您和刘瑁虽然都姓刘，但是连拐弯亲戚都算不上，和当年的重耳相比根本不算过火。

其实，刘备心里早就同意这门亲事了，只是缺个合理的解释，所以迟迟没有答应。等法正把事情解释得明明白白，刘备的心理障碍也就不存在了，点头答应也就是水到渠成的事了。

如果我们仔细看一遍这个故事就能发现，刘备和重耳遇到的情况根本不一样。重耳最终同意娶怀嬴为妻，主要是因为秦国在背后逼迫，他为了保全自己，不得不这么做。而刘备面对的情况是，并没有人强迫他与吴氏成亲，而且他内心是愿意的。

最终，禁不住法正劝说的刘备如愿娶到了吴氏。吴氏的运气确实不错，她在刘备称帝后成为皇后，并在死后与刘备合葬在了惠陵。

诸葛亮答法正书

如前所述，由于刘备在治理益州的初期实施了一些非常规的措施，连骗带抢地把当地百姓的财物都夺走了，引起了当地民众的强烈反弹，造成了成都地区的混乱。这个时候，治理整顿就成了当务之急。

刘备对于如何做到这一点很清楚，他把诸葛亮、法正、伊籍、刘巴和李严找了过来，命令他们共同协商，制定一部法典，名为《蜀科》。史料对此只记载了四个字：“共造《蜀科》”。《蜀科》这部法典现在已经失传，只有一点可以肯定，那就是虽然它是由五个人共同制定的，但主要体现的是诸葛亮的治国思想。也就是说，诸葛亮在起草这部法律的时候是起主导作用的。《蜀科》当中的法律条文比较严格，属于严刑峻法。它的颁布出台，有力地打击了当时的地主豪强，导致他们强烈的不满，使他们开始采取消极抵制的态度。

《蜀科》的颁布，不仅外人有意见，就连刘备集团内部也有人对此颇有微词，比如法正。也许是当初在刘璋手下任职的时候吊儿郎当惯了，所以法正是最不待见严格执法的人。《蜀科》出台后没多久，法正就找到诸葛亮，提出了反对意见。他说："昔高祖入关，约法三章，秦民知德。今君假借威力，跨据一州，初有其国，未垂惠抚；且客主之义，宜相降下，愿缓刑弛禁以慰其望。"这话的意思是，以前汉高祖进入函谷关后，与当地百姓"约法三章"，使秦地的百姓十分感激他的恩德。如今您借助权势的力量占据益州，还没有对百姓施加恩惠和安抚。况且，从客人与主人的关系来看，客人的姿态应该放低一些。希望您能放宽刑罚，满足当地人的意愿。

法正这段话的基础是"约法三章"。汉高祖攻入咸阳以后，颁布过三条法律，"杀人者死，伤人及盗抵罪。"到了后世说起"约法三章"时，即泛指那些简单的条款，方便百姓遵守。诸葛亮也明白这个道理，法正的话很有代表性，因为很多人都是这么想的。于是，他写了一封信，正面回答了这个问题，并借这个机会向更多的人解释自己的治蜀政策。

在信里，诸葛亮旗帜鲜明地阐述了自己的观点，原文是这么说的：

"君知其一，未知其二。秦以无道，政苛民怨，匹夫大呼，天下土崩，高祖因之，可以弘济。刘璋暗弱，自焉以来有累世之恩，文法羁縻，互相承奉，德政不举，威刑不肃。蜀土人士，专权自恣，君臣之道，渐以陵替；宠之以位，位极则贱，顺之以恩，恩竭则慢。所以致弊，实由于此。吾今威之以法，法行则知恩；限之以爵，爵加则知荣。恩荣并济，上下有节。为治之要，于斯而著（矣）。”

这封信出自《三国志·诸葛亮传》裴松之注，以及《资治通鉴·汉纪五十九》。它还有一个人们熟悉的名字，叫《答法正书》。这封信之所以著名，是因为它充分地展现了诸葛亮依法治国的政治理念。

信的大概意思是，您只知其一，不知其二。秦国因为暴虐无道，政令苛刻，使百姓对其多有怨恨。所以大家都起来反对秦国的统治，秦王朝也就土崩瓦解了。汉高祖在这种情况下，才采用了宽大的政策。而刘璋十分软弱，从他的父亲刘焉起，只能靠典章和礼仪维持住上下级的关系，造成德政不能实行，刑罚也失去了应有的威严。蜀地的人大多任性妄为，君臣之道渐渐被破坏。主政的人往往会通过给予高官来表明对臣下的宠爱，当无法继续给予高位后，反而会被臣下轻视；一味地顺从臣下的要求给予恩惠，当无法继续施加恩惠后，反而会被臣下责难。为了改变这种现状，我必须树立法律的威严。在执行过程中，百姓会感知到我们对他们的恩德；以爵位严格规定官员的地位，给官员加爵时才会让他们感觉到光荣。这样，就能使上下级之间有明确的规矩，治国的原则也就能清楚地显现出来了。

其实，诸葛亮的这封信体现的不仅是他的治国理念，更是他对人性非常透彻地把握。就像你每天早上都经过一个乞丐身边，给他一块钱。刚开始他还点头致谢，到了后来他就一点反应都没有了。某天早上你赶时间，经过他身边时没有给这一块钱，他反而会追上你，破口大骂：“为什么你不把那一块属于我的钱给我？”施舍者和被施舍者的角色似乎来了一个互换。诸葛亮正是看穿了人的这种劣根性，所以才特别强调赏罚不能泛滥。

在诸葛亮看来，自己坚持这么做是有充分理由的，而且这些理由是公私并存的。于公而言，是要通过严厉打击一切犯罪活动，来树立刘备集团的威猛形象，以表明他们和以前的刘璋不一样。刘璋在的时候法律都是摆设，经常用不上，偶尔用那么几次，都是以法律为借口，“修理”几个与他持不同政见的人。刘备刚刚进入益州，脚跟还没站稳，大家都在观望，如果不趁此机会树立起与刘璋截然不同的形象，就没人把他们当回事儿了。所以，从严治理就成了一种必需。谁犯法，谁就要被从快、从严、从重处理。对刘备集团来说，这种做法的效果还是非常显著的。

于私而言，诸葛亮也是在为自己着想。诸葛亮出山以后，在茅庐中高调地给刘备作了《隆中对》。后来刘备确实信任、重用他，可是他的表现实在不够突出。来到刘备身边，一转眼六七年过去了，诸葛亮似乎一直没有什么亮眼的表现，尤其是在军事才能方面，亮点就更少了。能让人记住的，似乎就只有赤壁之战前出使东吴的那一次。但在正史当中，刘备还没有派诸葛亮出使东吴时，孙权就已经派鲁肃出来找他们了。虽然诸葛亮第一个提出东吴势力“可为援而不可图也”，但实际上，鲁肃在行动上比诸葛亮更快。也就是说，即使没有诸葛亮出使东吴，孙、刘两家最后也一样会联合起来。

刘备集团现阶段的主要任务就是打天下，谁能打谁才是英雄好汉，所以诸葛亮在这段时间里的表现是不太令人满意的。后来庞统来了，刘备很快发现庞统的军事水平还不错，就把庞统一直带在身边。如果庞统不死，入川的首功必归他无疑。到那个时候，谁是刘备手下的头号谋士，还真是有点说不清了。庞统死后，法正接替了庞统的工作，成为刘备的谋主，其在刘备心中的地位大家都看得见。诸葛亮是个聪明人，而且治理国家是他的强项，既然《蜀科》已经出来了，那就要避免在做人方面和小人发生碰撞。

虽然诸葛亮不想和法正发生正面冲突，但是想做到这一点十分困难，这主要是由法正的性格决定的。

按史书记载，法正的性格是恩怨分明的，你对他好，他一定要报答；你得罪他，他也一定要报复。所以，在成为刘备身边的红人后，法正更加膨胀了，开始把日思夜想的仇人统统拎出来整一遍："以我现在的身份，修理一个人不是小菜一碟吗？"

法正的做法很快就引起了众怒，越来越多的关于法正的检举信被送到了诸葛亮那里。比如，法正无缘无故地撤了一个人的职，又无缘无故地给另外一个人升了官，又有一个扶风人被法正杀掉了，等等。这些事法正做得实在是太粗糙了，已经引起了公愤，广大群众希望诸葛亮向领导反映反映，打击一下法正的嚣张气焰。

没错，当时有资格和法正抗衡的只剩诸葛亮一人了。面对这件事，诸葛亮感觉有点为难，因为他看得很透彻，知道自己去了可能也没什么用。所以，他劝大家说："主公之在公安也，北畏曹操之强，东惮孙权之逼，近则惧孙夫人生变于肘腋。法孝直为之辅翼，令翻然翱翔，不可复制。如何禁止孝直，使不得少行其意邪！"诸葛亮的意思是，当初主公在荆州公安的时候，北边畏惧曹操的强大，东边忌惮孙权的威胁，对内担心孙夫人在家中生出变乱。现在法正辅助主公，使主公没有了后顾之忧，终于得以施展宏伟蓝图。所以，我们就不要拿这些事去烦主公了，让他可以稍稍随心所欲一些吧。

诸葛亮这段话的意思很明确，法正是刘备的重要帮手，谁也不要去动他，大家都要以大局为重。太平重仁义，乱世尚权谋。诸葛亮是个品格高尚的人，法正的人品却很成问题。双方在很多地方都有矛盾，但是他们都明白，要以主公刘备的大业为重。刘备的事业就这样在益州开启了新的篇章。

第二章

膨胀的曹操

曹操的“胃口”变大了

刘备进入蜀地以后，通过对人事制度和经济制度的改革，已经初步站稳阵脚，踏实地在蜀地休养生息了。那么，这几年曹操在做什么呢？事实上，曹操一直很忙。

建安十六年（211）九月，曹操率大军破凉州诸军。成宜、李堪等被杀，马超、韩遂逃回凉州，杨秋逃往安定。十月，曹操自长安发兵攻打杨秋，杨秋开城投降。随后，曹操恢复了杨秋的爵位，令其安抚安定之民。十二月，曹操从安定班师，留大将夏侯渊屯驻长安，任命议郎张既为京兆尹，抚境安民。

建安十七年（212）正月，曹操回到邺城，发现儿子曹丕很能干，已经讨平了农民暴动队伍。强敌被赶跑了，曹操很高兴；儿子变成熟了，曹操更开心了。趁着胜利的东风，曹操着手进一步打造曹家的权力基地，逐步让大汉的体制淡出权力层面。

就在这个正月，汉献帝被迫给曹操增加了“赞拜不名，入朝不趋，剑履上殿”的待遇。所谓赞拜不名，是指面见皇帝的时候，可以不用被传唤名字；入朝不趋，是指见到皇帝时不必小步快走，只需要慢慢踱进去就行了；剑履上殿，是指到皇帝身边时，不必解下宝剑、脱下鞋子了。

这几个待遇是功劳很高的大臣才配享有的特权。之前董卓享受过，如今曹操紧随他的足迹，也享受了这种待遇。有人说这样做没什么问题，曹操功劳很大，如同当初汉高祖手下的萧何一样。但问题是，萧何作为西汉帝国的开国功臣，也只享受了入朝不趋、剑履上殿两项，赞拜不名是没有的。在这种情况下，难怪民间会私下像骂董卓为董贼一样，把曹操骂为曹贼了。

五月，为了震慑尚在凉州蠢蠢欲动的马超，曹操下令杀死卫尉马腾，灭其三族。七月，夏侯渊率军讨平了驻军蓝田的马超等人。九月，在曹操的建议下，汉献帝封刘熙等四皇子为王。曹操不是自己对权位有更高的想法吗？干吗还要建议皇子封王呢？其实这一切不过是障眼法而已。

曹操想名正言顺地夺取皇位，首先就要在自己的官位上做文章，可是这件事不太好办。现在他位居丞相，已经是除皇帝外最有权力的人了。但是，曹操还觉得不够，必须开会讨论一下。这个时候就是考验下属的最好时机，曹操的职务已经没办法再升了，只能从爵位方面想办法了。汉朝沿用秦制，爵位有二十级。除去皇族和圣人后裔，臣子可以获得的最高爵位就是县侯。

只不过因为东汉末年乱得一塌糊涂，所以不管是民间还是朝堂，全都没有了秩序。慢慢积累下来之后，原本非常稀罕的县侯爵位，也有很多人得到了，理论上这些人和曹操是平起平坐的。现在的难题就在于，军衔可以往上晋升，爵位似乎就不行了，再往上的爵位就是公和王了。前面说了，这两个爵位可是皇家和圣人后裔的专利，但是曹操绝对不想当皇帝，这一点他已经明确表态过了。这么一盘算，曹操就显得很谦虚，也很难为情了，因为上面已经没有位置让他晋升了。曹操的封爵之路到了“天花板”，这可怎么办呢？

这时，有人发言了：“自古以来，人臣匡世，未有今日之功；有今日之功，未有久处人臣之势者也。今明公耻有惭德，乐保名节。然处大臣之势，使人以大事疑己，诚不可不重虑也。”这话的意思是，自古以来，人臣拯救国家的功业，还没有能比得上您的；有您这样功业的人，还没有能久居臣位者。现在您一直保持着自己的名节，只是朝廷的官员，并没有想着自立为王。诸位，我们必须得为曹丞相的地位好好考虑一下了。

说这番话的人是董昭。说完，他还提出倡议，因为曹丞相劳苦功高，所以必须晋升为公爵，加九锡，如果不这样做，就不足以彰显他的功勋！

曹操听了，嘴角不由自主地暗暗翘了一下。这话虽然说得好听，但技术难题也得解决，纵观汉朝400多年的历史，除了曹操之外，只有一个人逼着汉朝朝廷封他当上了安汉公，这个人很有名，就是王莽。虽然他当上了公爵，但流传后世的名声不是以职务爵位的大小来定的，所以王莽后来成为野心家的代名词。虽然野心家很多，但大多要面子，需要用舆论做导向。可曹操是不管这些的，就像其不拘一格招人才一样，反正我要的是实用主义，至于名声，有那么重要吗？

所以，尽管曹操表面功夫也做，在他的《述志令》当中，一再强调自己不是一个爱慕虚荣的人。但真实的情况是他既爱虚荣，也要有好处，希望能名利双收。董昭敢出来拍马屁，就来自于曹操的支持。既然董昭已经开了头，其他人便也纷纷响应，表示支持董昭的提议。

曹操听了，脸上尽管不动声色，心里却已经乐开了花，看来董昭在这件事上绝对不是孤独的。按照目前的形势，曹氏家族早晚要取代刘氏家族，大家也没做什么过分的事，只是帮忙添了一把柴火而已，就是这把火，烧得曹操心里热烘烘的。

到底是谁变了

正当曹操志得意满，手下人也不断拍马屁，嚷嚷着要给曹操封公、加九锡的时候，有一个人站出来明确地表示反对。这个人不是别人，而是德高望重的元老、尚书令荀彧。作为曹操的首席谋士，荀彧给曹操贡献过很多妙计，为曹操的事业发展做出了重要的贡献。荀彧确实对曹操很忠诚，但是他更忠于大汉王朝。当荀彧听完那些马屁精说的话，而且眼瞅着曹操就要拍板采纳，他觉得太不像话了，必须站出来对那些人提出批评。

荀彧说："曹公本兴义兵以匡朝宁国，秉忠贞之诚，守退让之实。君子爱人以德，不宜如此。"这话的意思是，曹丞相起兵是为了复兴汉室，辅佐朝廷，解救广大百姓于水深火热之中。丞相心里装的都是忠诚，而不是为自己着想。大家这么做，是要把丞相陷于不仁不义的地步。

这话一出，大家顿时安静了。曹操一下子变得很无语，其他人反对他是不意外的，可荀彧是他的首席谋士，绝对是他的心腹之臣。荀彧这时出来泼冷水，曹操能不大感意外吗？

这么多年来，曹操一直把荀彧视为知己，把他安插在朝廷里盯着汉献帝，让他在自己外出征战的时候帮忙料理政务。事实上，荀彧的表现一直非常出色，他为曹操举荐了大量的人才，料理政务，出谋划策，样样都是好手。对于这种优秀的打工仔，曹操原本是十分放心的。但是现在，曹操突然发现荀彧变了。

当然，荀彧也觉得曹操变了。刚刚结识曹操的时候，荀彧认为曹操是一个英雄，二人在尽心尽力匡扶汉室这件事上不谋而合。所以，荀彧才心甘情愿地为曹操出谋划策。只是荀彧慢慢发现，曹操“辅佐汉室”的口号渐渐成了幌子，实际上这个人也在密谋取代汉室，而自己竟然在不知不觉间成了帮凶。

其实，从迎汉献帝到许都起，曹操就慢慢变了。曹操手里握有实权，皇帝成了光杆司令，什么权力都没有，实际上等于被软禁了。荀彧不是一个蠢人，他已经看出了曹操的野心，只是还心存幻想。现在董昭提出的计划，相当于将曹操的野心暴露于天下了。荀彧当然明白，董昭不可能心血来潮搞一个大逆不道的倡议，不用说，这件事的幕后指使肯定是曹操。荀彧虽然猜到了幕后主使是谁，但曹操始终躲在后面不愿意出来。荀彧自然不方便点破，只能借批评董昭来表达自己的立场。婉转也好，坚决也罢，不管怎样，荀彧已经把曹操得罪了，这是不容否认的。

其实，荀彧之前得罪曹操已经不是一次两次了。早在建安九年（204），曹操成了冀州牧，就有人拍马屁，建议取消十三州，恢复古代的九州。为什么恢复九州是拍马屁呢？这是因为根据《尚书·禹贡》的记载，九州分别是：冀、兖、青、徐、扬、荆、豫、梁、雍。到了东汉的时候，细分成了十三州。如果恢复古制变成九州，曹操所管辖的冀州地盘就更大了。这个建议直接说到曹操心坎里去了，于是他从善如流，准备颁布相关的法令落实。但是，荀彧站出来表示了反对。荀彧明白，如果照这个计划，天下地盘重新整合，那么世上就没有并州、幽州和司州了，曹操就将成为具有颠覆东汉朝廷实力的人。

那时曹操刚刚平定冀州，袁谭刚刚完蛋，袁尚、袁熙还没有被彻底铲除，这两个人直到建安十二年（207）才被公孙康杀掉。所以，荀彧规劝曹操不要这么做。因为天下还远没有太平，如果现在大肆兼并土地的话，大家都会以为曹丞相是要争夺他们的地盘，会引起百姓极大的恐慌。当时的曹操即使心里不乐意，也不得不采纳了荀彧的建议。

那一次，应该是老朋友之间第一次唱如此强烈的反调，但曹操看在荀彧足智多谋、尽心尽力的份儿上，先忍了下来。

到建安十二年（207），荀彧又一次得罪了曹操。这一年的三月，考虑到荀彧劳苦功高，曹操想为他增加采邑一千户。而且，曹操认为荀彧的尚书令级别稍微低了点，便打算提拔他为“三公”。尚书令虽然职位不低，但只享受县处级干部的待遇，年薪才六百石。对于荀彧这样的人物来说，实在是有点委屈了。所以曹操想提高他的行政待遇，也是出于一片好心。

荀彧接受了对于采邑的封赏，但是拒绝了“三公”的职位。荀彧不是自己出面拒绝的，而是让侄子荀攸替他婉拒了职位。当时曹操心里还认为，荀彧估计是想“三劝三让”，就再次提议让荀彧当“三公”，但荀彧还是拒绝了。曹操并没有生气，第三次提议让荀彧当“三公”，没想到荀彧还是拒绝了。

其实，曹操反复请求，荀彧反复拒绝，次数远远不止三次。按史书记载，“太祖欲表彧为三公，彧使荀攸深让，至于十数，太祖乃止。”也就是说，荀彧推让十几次后，曹操才不再提这事儿了。不管怎么说，一次两次拒绝领导的美意，可以说是谦虚，但是反反复复地拒绝，那就是公开得罪领导了。所以，曹操和荀彧这对亲密朋友之间从那时起就开始出现了裂痕。

要说前两次冲突，曹操心里虽然不痛快，但还能忍得住。轮到这一次就不一样了，这是摆明挡住了曹操的发达之路。无论是曹操还是荀彧，这时都很尴尬。两个人以前无话不谈，现在无话可说。当然，这种情况不可能长久持续下去，一般只有两种解决办法：一种是其中一方主动认错，向对方赔礼道歉；另一种是分道扬镳，从朋友变成敌人。

曹操当然不可能主动退让，他连赤壁之战都不肯认输，何况是对荀彧。而且曹操生性多疑，性格矛盾，也爱杀人。那么，曹操会如何处置荀彧呢？

荀彧之死

当曹操觉得自己晋升公爵、加九锡是板上钉钉的事的时候，偏偏老战友荀彧站出来公开反对了。曹操暗生闷气，不好当面和荀彧撕破脸皮，只能把加待遇的要求暂时放下，打算先把荀彧这老家伙处理了再说。

可是，怎么处理荀彧实在是太让人头疼了。杀，舍不得，毕竟跟了自己这么多年，又屡建奇功；不杀，荀彧肯定会阻挡自己前进的脚步。现在他出来阻止自己晋公爵、加九锡，将来要是自己或自己的儿子想当皇帝呢？不用说，以荀彧这个书呆子的倔脾气，肯定会直接翻脸。

其实，曹操和荀彧还有一层更为亲密的关系。荀彧不仅是曹操手下的谋士，还是曹操的亲家。曹操把女儿嫁给了荀彧的长子，希望两家人能建立起牢不可破的友谊。但这一切都事与愿违了。在政治上，荀彧要理想，曹操要野心，已经是不可调和的矛盾。对于曹操来说，谁反对他，谁和他作对，那就是他的敌人。当然，荀彧是曹操曾经的朋友，虽然缘分已尽，但功劳还是不小的，杀他会影响很大。曹操觉得下不去手，就决定警告荀彧一下。荀彧是个聪明人，应该知道自己该怎么做。

可惜曹操并没有如愿，就在这场争论结束后不久，荀彧离世了。荀彧的死因是什么？历史上有不同的说法，其中一种说法认为，荀彧的死和伏皇后有关。根据《献帝春秋》的记载，董承等人因为衣带诏事件被杀以后，伏皇后写信给父亲伏完，说皇帝对曹操有很大的怨气。哪知道伏完看完以后，把这封信转给了荀彧。荀彧一看便感到很厌恶，离董承那帮人被杀还没过多久，就又有人想搞起腥风血雨了，这是想要中兴汉室的做法吗？

不过，荀彧做人还是比较厚道的，他并没有卖友求荣，把这信泄露给曹操，而是把它隐瞒了下来。可是伏完完全没有政治斗争的概念，看荀彧没有反应，他一转手又把这封要命的信给妻弟樊普看了。可能在他看来，老婆的弟弟就是自家人，问题是人心隔肚皮，在利益面前说什么都不好用，比如这个樊普就非常不靠谱。樊普觉得这绝对是个升官发财的好机会，于是悄悄地溜到曹操那儿进行了举报。曹操知道后，立刻做好了预防突发事件的充分准备。

事情已经逐渐滑向失控的边缘，荀彧这时突然开了窍，他知道这是政治斗争的新动向，隐藏不报不行，闹大了自己要负重要责任。包庇谋逆就要诛杀全家，荀彧必须马上展开自救。他左思右想，终于想出了一个看上去很完美的策略，那就是主动给曹家当红娘，为曹操的女儿提亲。

没过多久，荀彧请求到邺城汇报工作。见到曹操以后，他立刻劝曹操把女儿嫁给汉献帝。曹操一听，不无讽刺地说了一句：“今朝廷有伏后，吾女何得以配上，吾以微功见录，位为宰相，岂复赖女宠乎！”曹操的意思是，现在皇帝已经有伏皇后了，我的女儿怎么配得上？再说我这丞相的位置可是一刀一枪、流血流汗为朝廷立功拼出来的，怎么可能靠裙带关系来邀宠呢！

荀彧并没有听懂曹操这话背后的意思，继续劝道：“伏后无子，性又凶邪，往常与父书，言辞丑恶，可因此废也。”荀彧的意思是，伏皇后没有生育，脾气也不太好。她曾经给她的父亲写过一封信，信里尽是些胡说八道、蛊惑人心的话，这样的人应该马上废掉。

绕了这么一个大圈子，荀彧终于把话说到正题上了。其实，提亲不提亲都是虚的，荀彧实际上是想向曹操表示，他是来举报这封信的。

曹操一听，原来是在这儿等着我呢，于是也不客气了，直接甩了一句过去：“卿昔何不道之？”曹操这是在责问荀彧，你既然知道有这封信，之前为什么不说？荀彧那边死撑着说：“昔已尝为公言也。”对于曹操的质问，荀彧表示自己以前曾经和他说过。

这一下曹操就有点生气了，我有老到健忘的程度吗？于是，曹操又说了一句：“此岂小事而吾忘之！”意思是，这并非什么小事，若先生说过了，我又怎么会忘记呢！直到这时，荀彧还在挣扎着为自己辩解：“诚未语公邪！昔公在官渡与袁绍相持，恐增内顾之念，故不言尔。”荀彧的意思是，我之前确实没给您汇报过这件事，因为那时候正在打官渡之战，袁绍咄咄逼人，我怕您分心，所以才没跟您说。

曹操一听就更不乐意了，反问道：“官渡事后何以不言？”估计荀彧也没想到曹操一点面子都不给他，有了台阶也不下，非要打破砂锅问到底。荀彧无言以对，羞愧不已，只能赶紧向曹操赔罪道歉。

荀彧到底是不是因为伏皇后的一封信和曹操结下怨恨，这个在历史上是有争议的，确切答案不得而知。但这已经不重要了，因为曹操和荀彧两个人的目标不一样，出现矛盾是迟早的事情。

那么，荀彧具体是怎么死的呢？在袁宏的《后汉纪》和陈寿的《三国志》里都记载了这件事。建安十七年（212）十月，曹操带兵向南出发，高调宣布要找孙权的晦气，而且点名要多年不参与战阵的荀彧代表皇帝慰问前线。

慰问结束之后，荀彧就被留了下来，他当然知道曹操是生自己的气了，便想找个机会解释一下。可是曹操总说自己没时间，有什么事以后再说。于是，荀彧就被晾在一边了。荀彧和汉献帝走得很近，这一点曹操很清楚，曹操这么做就是想阻断荀彧和汉献帝的联系。最终能感化荀彧最好，就算不行，也能为自己的晋升扫平一个障碍。

荀彧很聪明，他知道曹操已经容不下自己了。百般郁闷之下，荀彧开始生病了，这一病就起不来了。曹操看到这种情况，就把荀彧留在了寿春养病。其实养病是假，进一步冷落他是真。到这个时候，荀彧终于明白，曹操是无论如何都不会放过自己了。最后，荀彧抑郁而亡。《三国志》的原文说："彧疾留寿春，以忧薨。"

《资治通鉴》记载的内容与《三国志》相似，只是荀彧死的方式不一样。《资治通鉴》的原文说："操军向濡须，彧以疾留寿春，饮药而卒。"意思是荀彧因为生病留在了寿春，后来想想，与其让曹操天天折磨自己，不如自己了断得了，便服毒自杀了。

还有第三种说法，是《魏氏春秋》中记载的。荀彧在寿春养病的时候，曹操派人给他送去一个装食物的盒子。荀彧兴冲冲地打开一看，里面什么都没有。荀彧当场就明白了，曹操的意思是，你以后别再吃东西了，吃什么都是浪费。因为这件事，荀彧才愤然地选择服毒自杀了。

对于荀彧的死，历史上有以上几种不同的说法，到底哪种比较靠谱，现在争议还很多，但这里有个小插曲可以提供给各位参考。《献帝春秋》中记载了一件事，说荀彧死后，从寿春逃出来几个人，跑到孙权那里，告诉孙权说因为曹操命令荀彧把伏皇后杀了，但是荀彧不干，不愿意违背自己的良心做事，所以荀彧才选择自杀的。原文记载是："（荀）彧卒于寿春，寿春亡者告孙权，言太祖使（荀）彧杀伏后，彧不从，故自杀。"

如果这个记载可信的话，是否能说明荀彧的死因还是和伏皇后有关呢？在得知事情的真相后，孙权写了一封信，把这件事告诉了刘备。刘备看完信后，当场破口大骂道："老贼不死，祸乱未已。"这话实际上是参考春秋时期"庆父未死，鲁难未已"说的，意思是曹操这个老贼要是不死，国家没有一天能得到安宁。

不管事实真相到底是怎样的，荀彧总归是去世了，时年五十岁。对于一个政治家来说，这个年纪真的不算大。如果荀彧能够继续活下去，以当时他的地位和水平，三国时期的很多事件都将被改写。

对于荀彧的去世，有一个人特别悲伤，这个人就是汉献帝刘协。根据《后汉书·荀彧传》记载："帝哀惜之，祖日为之废宴乐，谥曰敬侯。""祖日"就是古代祭祖的日子，汉朝以孝治国，祭祖是最神圣、最庄重的礼仪。在这么重要的日子里，汉献帝为了荀彧的去世废了宴乐，可见他的哀痛是发自内心、无法抑制的。

对于荀彧，后世有很多不同的评价。第一种评价以司马光为代表，司马光认为荀彧帮助曹操从零开始，把事业不断做大做强，多次转危为安，转弱为强，他所建立的功业在曹营里谁都比不上。如果曹操真能当皇帝，那么荀彧就是萧何。即便是在这种情况下，荀彧依然不忘初心，知道自己仍是汉臣，并非曹操的家臣。而且到生命尽头的时候，他选择为了汉朝自杀，可见荀彧确实是一个好人。

第二种评价以诗人杜牧为代表。杜牧认为，在兖州时，荀彧让曹操向刘秀学习，后来到了官渡之战，又让曹操向刘邦学习，这完全就是把帝王思想灌输给了曹操。可当曹操把这些都做完了，荀彧才发现之前做的事情似乎说不上是忠于汉朝，这才突然醒悟，反对曹操加九锡。荀彧这样左右摇摆、首鼠两端，算不上是什么好人。

在这些名人的评价当中，苏东坡给的评价应该是最好的。他的原话是："其才似张子房而道似伯夷也"。这里说到的张子房，就是汉高祖刘邦属下的首席谋士张良，而伯夷就是不食周粟、饿死在首阳山的那位伯夷。这句话的意思是，荀彧的才华堪比张良，道德品格和伯夷相似。

不管后人对荀彧的评价是褒是贬，最重要的是当朝人对他的评价。曹操在荀彧生前对他的评价很高，说他是"吾之子房也"。荀彧去世以后，曹操并没有直接给荀彧下过评语，但是我们可以从曹植给荀彧写的祭文中看出一些端倪，祭文的具体内容是："如冰之清，如玉之洁，法而不威，和而不亵，百寮士庶，唏嘘沾缨，机女投杼，农夫辍耕，轮给辄而不转，马悲鸣而倚衡。"

曹植的意思是，荀彧冰清玉洁，为人有法度，却不会咄咄逼人；与人和善，却不猥琐。无论是百姓士人，抑或是达官显贵，个个唏嘘不已，涕流满襟。织布女工扔掉了手中的工具，田间农夫也放下了农具，车轮陷在路上转不动了，拉车的马也一片悲鸣，靠在路边走不动了。

虽然这篇祭文是曹植写的，但如果曹操不同意，曹植肯定是不敢发出来的。曹操恨荀彧，是因为怕他干扰自己封公爵、加九锡的待遇，其实曹操很清楚荀彧的为人，荀彧并不想当自己的死对头，更不会起兵和自己发生抗争。所以，对曹操来说，荀彧之死始终是一个老朋友的离世。

魏公与魏国

荀彧死了，曹操虽然心里有些忧伤，但更多的是暗爽。没有了这个老伙伴，阻碍他的一切障碍就都没有了。建安十八年（213），也就是荀彧去世的第二年，曹操果断下令恢复九州制度，不久之后又当上了魏公。也就是说，所有荀彧反对的东西，曹操在荀彧死后统统要了回来。当然，当上魏公只是曹操实现夺权野心的第一步。

为什么曹操这么执着于恢复九州制度呢？因为魏公只是爵位，不是官位。如果一定要从官职上讲，曹操现在仍然只是丞相和冀州牧。但是恢复九州制度的话，正如荀彧所言，曹操所管理的冀州就会比以前大很多。也就是说，曹操实际直接掌控的区域变得更大了。基于这个理由，曹操恢复了九州制度。

当上魏公以后，曹操的采邑不仅级别高了，数量也多了很多。为了表彰曹操的功劳，东汉朝廷按照曹操的授意，把冀州的十个郡作为曹操的采邑。曹操的采邑称为国。而东汉时王子的封国采邑才一个郡，现在曹操的采邑比王子的地盘大了十倍。由于曹操是魏公，所以从那时开始，人们把曹操的采邑称为魏国。

在当上魏公的同时，曹操还获得了加九锡的待遇。这里的九锡实际上是指九种待遇，包括御用大车和兵车各一辆，各配有四匹黑色雄马驾车；龙袍冠冕，并配上红色的礼鞋；诸侯享用的三面悬挂的乐器和六十四个人演出的方阵；家里住宅的大门可以漆成红色，登堂的台阶可以修在屋檐下；身边可以带虎贲卫士三百人；拥有象征权威的兵器，斧、钺各受一柄；另外，还有朱红色的弓一把，朱红色的箭一百支；黑色的弓十把，黑色的箭一千只；祭神用的美酒一罐，并配有玉珪和玉勺。

以现在的角度来看，这些都是形而上学的表面东西。可是，对于那些在权力顶峰的人来说，这些东西是他们做梦都想要得到的。因为它们代表了权力、身份和地位。这些不是有钱或者有权就能得到的。想当年西汉开国之初，汉高祖刘邦专门和手下的臣子订立白马之盟，要求后世非姓刘的人不可以享受诸侯王的待遇。而现在，魏公曹操已经彻底打破了这一点。在向权力巅峰攀爬的过程当中，曹操早就不在乎几百年前那个所谓的盟誓了，现在他离皇帝的位置只差半步的距离了。

虽然魏国名义上属于东汉朝廷，但实际上已经开始独立运作。到了七月，曹操开始在魏国内部建立社稷和宗庙。这里的社指土地神，稷指五谷神，合起来就是指祭祀。在古代，祭祀是上升到国家层面的大事，所以祭祀或者说社稷逐渐成为国家的代名词。

同年十一月，曹操继续打造曹家的权力基地，开始组建魏国领导层的班底。他设立了尚书、侍中、六卿等职位，设置了监察机构，尝试独立管理魏国的国内事务，为全面取代东汉做充足准备。史书记载，曹操“以荀攸为尚书令，凉茂为仆射，毛玠、崔琰、常林、徐奕、何夔为尚书，王粲、杜袭、卫觊、和洽为侍中，钟繇为大理寺卿，王修为大司农，袁涣为郎中令、行御史大夫事，陈群为御史中丞。”

这些人统统是当时的名士，其中还有一部分一直跟随着曹操。比如钟繇，就是北方集团里的牛人，只不过现在被曹操放到魏国的管理层当中了。这样一来，东汉王朝不但实质上是皮包公司，就连形式上也已经是皮包公司了。

恢复肉刑的秘密

完成权力的转型升级之后，曹操还想进行一项法制改革，具体来说，就是想恢复肉刑。肉刑就是用工具在犯人身上做文章，形式主要包括黥刑、劓刑、刖刑、宫刑和大辟五种。

黥刑，指的是在犯人脸上刺字，然后给他着墨，这样刺的字基本上就洗不掉了，形式有点类似于现在的文身。不过，文身是纹自己喜欢的图案，而黥刑纹的都是含义不好的字，比如“罪”“犯”等。这种刑罚等于在人的脸上盖了一个章，告诉所有人这个人曾经犯过罪。劓刑，就是把犯人的鼻子割掉。刖刑，就是把犯人的脚砍断。宫刑，也叫割势，其中的“势”字是指男性的生殖器官，历史上受过这种刑罚的著名人物就是写《史记》的司马迁。至于大辟，也就是终极的刑罚——死刑了。

这五种刑罚，不论哪一种单独拎出来都足够残忍了，它的理论依据是“杀人者死，伤人者创”，这是传统文化中原始同态复仇理论的体现。传说肉刑的起源很早，据《汉书·刑法志》记载，“禹承尧、舜之后，自以德衰而制肉刑。汤、武顺而行之者，以俗薄于唐、虞故也。”意思是说，当年大禹继位之后，就已经制定了肉刑，然后一直流传了下来。实际上，这种刑罚在秦、汉初期都是全面继承的，直到汉文帝时期，肉刑才被逐步废除。

既然肉刑已经废除了几百年，曹操这时提出恢复肉刑，支持者绝对不多。果不其然，只有陈群和钟繇表示赞同，其他人一致反对。陈群和钟繇深刻地指出，只有用有力的刑罚，才能在战乱中保障法律的尊严。

在陈、钟二人看来，现在几乎天天打仗，全国各级政府都在集中力量搞军事，所以社会上管理违法乱纪的力度太弱，导致犯罪行为增多，社会管理的成本不断加大。此前的法律只有流放、关押和死刑，这样做的成本也很大，如果把罪犯流放到同一个地方，谁能保证这帮人聚在一起，不会爆发武装群体事件呢？到时候岂不是又要派官军去平叛，成本不是更高了吗？

所以，不如全面恢复肉刑，谁伤害了别人，就遵照“伤人者创”的原则，给他实施肉刑。那些受过肉刑的人，大家一看就知道了。这样做不但让那些犯罪分子丢尽脸面，也让社会上的其他人产生畏惧心理，打消他们做违法乱纪行为的念头。这样，社会管理的成本就可以大大降低了。

这种理论听上去很合理，但实际产生的效果却并不如其所愿。从历史上讲，肉刑从夏朝一直执行到汉朝的文景二帝时才被废除。这当中两千多年过去了，不管是被比成尧舜之治的汤武时代，还是后来的文景之治，中原大地上的犯人一直不少。对于那些喜欢违法乱纪的人来说，无论有无肉刑，他们都会去尝试犯法。所以，打压犯罪靠的是法律的完整和执法的力度，而不是单纯地靠摧残人的肉体来吓阻。

那么，曹操为什么在这个时候提出恢复肉刑呢？主要有两点原因。

一是为他过去的屠城找理由。曹操以前打仗的时候，曾经连续屠过几座城，在社会上和历史上造成了相当大的负面影响。他知道这些影响是极其恶劣的，让老百姓无辜地“白骨露于野”就是犯罪。命令士兵手举大刀屠杀手无寸铁的百姓，就连他自己有时想起来也无法原谅自己，更何况是以后的那些史官。所以，曹操在铜雀台上的回忆录里，不仅列举了自己所有的成绩，也自动承认了很多错误，唯一没有涉及的事就是屠城，既不把它归于成绩，也没有把它纳入错误，而是只字不提，好像从来没有发生过一样。现在曹操深知自己没有几年活头了，与很多进入晚年的人一样，他开始为死后的事情考虑了，想着如何去遮掩自己血淋淋的一面，于是他想到了恢复肉刑这个方法。

二是想试探一下手下是不是和自己保持高度一致。虽然曹操一再声明自己不想当皇帝，但是现在他所做的一切实际上就是在当皇帝，只是缺一顶帽子和一个称谓而已。这条路铺顺了，他的儿子一上来就可以当皇帝。现在自己大权在握，手下听从自己的指挥，愿意为自己效力。可是这些人年纪大，被老一套的伦理道德洗了脑，依然觉得这个天下是大汉的。如果有一天换了曹字招牌，他们可能会强烈反对。曹操有这种顾虑一点也不夸张，之前的荀彧就是一个典型的例子。荀彧已经是曹操的死党了，献出的计谋不计其数，可是在荀彧头脑的最深处依然装着刘家的政权，挂着汉朝的招牌。

曹操为了试水，看看手下到底谁和自己一条心，谁把曹家当成唯一的老板，提出了恢复肉刑这件事。文景二帝是汉朝比较有作为的两个皇帝，如果把他们两个的成果拿下，不就等于否定了汉家的天下吗？先从这个方面来触动一下汉朝的根基，看看属下的反应到底如何，这确实是一块难得的试金石。

结果马上就出来了，曹操很失望，因为大家纷纷表示反对。恢复肉刑的提议最终被否决了。虽然这个提议被搁浅了，但是向权力更高处开去的曹氏战车的速度一点也没有放慢。既然内部的事阻力这么大，就先去打外部的敌人，在痛扁敌人的过程当中，进一步加强自己的权力和地位，这一招曹操在过去屡试不爽。

此时，刘备正和刘璋打得热闹，益州局势还不太明朗，而且如果真要攻打刘备的话，中间还隔着汉中的张鲁，成本有点太大了。打孙权就不一样了，就算动不了孙权，去骚扰一下荆州，也能对刘备产生威胁。所以，曹操决定立刻出发，进军东吴。

第三章

曹操的那些糟心事

濡须坞的对峙

在讲曹、孙两家濡须坞对峙之前，先回头看看孙权这几年做了什么防备工作。建安十六年（211），看马超那边成不了什么气候了，曹操开始把战略重心转向东方。这时，西线孙刘两家在荆州联手，曹操显然打不过，只能收缩战线，采取守势。但是赶跑马超之后，曹操有自信了，觉得当初的赤壁之败只是个意外，现在回去欺负一下孙权问题应该不大。

事实上，孙权对此早有防备，他也考虑到未来作战重心肯定不会在荆州一线，而会在合肥一带，所以早就有所动作，把治所迁到了秣陵（今江苏省南京市）。搬过来以后，孙权下令对石头城秣陵进行大力改造，将其修成牢不可破的堡垒，并且改名为建业。建业，顾名思义就是建功立业，表达的正是孙权的勃勃雄心。除了进行城市改造、改名外，孙权还在建业囤积了大量的军粮和军械，并在濡须口那里修建了水坞营寨，以抵挡曹操南下的大军。

濡须口在安徽省巢湖市向东的位置，水一直流到现今芜湖市的裕溪口，然后进入长江，是当时江淮一带的交通要道。修建濡须坞的建议遭到了很多人的反对，大家反对的理由是："上岸击贼，洗足入船，何用坞为！"这话的意思是，东吴有最厉害的水军，不需要浪费这么多的人力、物力修建营寨。但是，以吕蒙为首的支持者依然认为："兵有利钝，战无百胜，如有邂逅，敌步骑蹙人，不暇及水，其得入船乎？"吕蒙的意思是，如果敌军突然出现，后面又有追兵冲上来，咱们的水军可能连岸边都没到就被屠杀了，根本没有机会回到船上。听完两方的发言，孙权最后一锤定音，批准了修建水寨的方案。

于是，一座月牙形的濡须坞被建起来了。濡须坞的军事目的非常明确，就是控制从巢湖到长江的通道，既可以防备曹操向南跨过长江，又有利于进兵争夺淮南。濡须坞修好后没多久，建安十七年（212）十月，曹操平定关中之后，果断率军大举南征。对于曹操来说，赤壁之战乃奇耻大辱，不报复无论如何是说不过去的。但曹操不是冲动的人，他知道要留足时间恢复元气，总结经验教训，找到破敌之策。要么不打，要打就必须打赢。

现在离赤壁之战已经过去了三年多的时间，曹操觉得差不多可以动手教训孙权了。所以，曹操让夏侯渊继续扫平凉州（后为雍州），而自己开始一心一意地对付孙权。当然，孙权不是那么好对付的，曹操对于这一点很清楚，所以他改变了策略。之前的赤壁之战，曹操对孙权是居高临下、不当回事的，采用的手段是恐吓，但事实证明孙权根本不吃那一套，不但没被吓死，还差点儿反过来把自己打死。

这回，曹操让阮瑀代笔给孙权写了一封信。信中大意是说，孙权你是个聪明人，知道我曹孟德的实力强大，对付你的手段相当多。我要告诉你，长江天险不是万能的，我可以仿效古人，出奇制胜，你要小心，不要到时候才后悔。

曹操的这封信足够嚣张，语气锐利得像把刀。但是，孙权也经历了不少战火的考验，尤其是赤壁之战后，孙权更是对曹操拥有了强大的心理优势，当然不吃这一套了。所以，孙权不但没有理睬曹操，相反还写信给刘备，要求刘备继续保持战略联盟的合作关系，共同对抗曹操。

刘备是什么态度呢？他对此的反应是虚与委蛇。当时刘备正在益州和刘璋周旋，自然是帮不上忙了。刘备帮不上忙，孙权就只能靠自己的实力了，他率领七万大军，打算与曹操正面接触。

上一次赤壁之战出于宣传的需要，曹操大胆运用了夸张的手法，吹嘘自己部队有八十万人，而这一次他比较谦虚，说军队来了四十万人。当然，既然是号称，那这些数据就不怎么靠谱。但曹操要的就是这个数字，先吓到孙权再说。

建安十七年（212）十月，曹操东征攻打孙权，行军途中，荀彧去世了。建安十八年（213）正月，曹操率军到达濡须口，看到了孙权为抵御外敌建造的濡须坞，成功挡住了自己的去路。曹操心有不甘地望着江水，思绪万千。江东诸人的年龄都算是他的子侄辈，却已成为他的劲敌。他们都还很年轻，这一年孙权三十二岁，吕蒙三十六岁。

已经五十九岁的曹操此时只能感叹岁月无情了，但他又有些不甘心，如果自己再年轻一些，也是有时间和信心与对手打持久战的。就在几年前，曹操还准备挖一条运河，引淇水入白沟，想和袁谭、袁尚兄弟打持久战。但是，对于现在的曹操来说，时间是最耗不起的东西。望着滚滚长江，曹操暗暗发誓，绝对不能让孙权建成大业，如果成了，未来曹家的权力岂不是出现了一个大豁口？

但现实是，濡须坞完全挡住了曹操的道路，还没等曹操把战术想好，那边孙权的水军先坐不住了。这一次曹操派出的前锋是张辽和臧霸，到达濡须口的时候，正好天降大雨，江水上涨。曹操的士兵大多是陆军，不大可能在这种天气下主动出击。张辽虽然勇猛，但作为不擅长水战的北方人，他不准备冒险，打算暂时退兵，可臧霸不同意。于是，张辽和臧霸的先锋部队依然坚守不动。

等第二天见到曹操后，张辽向曹操汇报了前一天的情况。曹操对臧霸的表现非常满意，当即任命臧霸为扬威将军，并授予假节的权力。在随后的战斗中，曹军攻破了孙权的江西营，俘虏了都督公孙阳。孙权万万没想到，自己精心设计的防线居然首战就遇挫了，看来必须得自己出手了。于是，孙权亲自来到濡须口，率军迎战。

虽然口号喊得很响，气氛很紧张，但实际上双方在濡须口相持了一个多月，结果什么也没发生。孙权看着敌军大兵压境，又没有粮草的后顾之忧，长期这么耗下去，最后吃亏的恐怕是自己。在这种情况下，孙权决定主动出手。

草船借箭的真相

在濡须口，孙权初战受挫，当然是不甘心的，他决心要报复。但是，曹操号称带来了四十万人，即便其中有水分，力量应该也是不小的，如果硬拼估计要吃大亏。所以，自家军队总体上只能防守，让对方无懈可击。不过，在局部开展一些小规模的反击还是必要的，得让曹操知道我孙权的骨头不是软的。

于是，孙权把手下的虎将甘宁派了出去。孙权任命甘宁为前都督，带三千人去完成一个光荣的任务，那就是夜袭曹营。杀多少敌人是其次的，只要能全身而退就算成功，最重要的是让曹操知道东吴大军不是好欺负的。

两军对阵敌强我弱，还是夜袭对方的核心大营，这种风险不言而喻，别说是三千人，就是带上三万人也不嫌多。但对“锦帆贼”甘宁来说，人不在多，而在于精。他谢绝了孙权要给他三千士兵的好意，而只要了由一百人组成的敢死队。甘宁不是吹牛，他当天夜里挑选出一百多名勇士，趁着月色出发，悄悄地摸到曹军大营。那些曹兵自认为人多势众，根本就没考虑过对方会来偷袭。所以除了岗哨之外，其他人都在休息。

甘宁的敢死队先干掉了岗哨，一个呼哨就发起了冲锋，曹军大营顿时响起一片喊打喊杀之声。正在休息的曹兵还没反应过来，就已经被打翻了几十个人。要说曹军也是训练有素的，碰到事情只慌乱了一下，很快就恢复了理智，赶紧点燃火把组织反击。等他们把场地照亮，才发现甘宁那帮人已经在一阵砍杀之后顺利地溜走了。

甘宁那边得意扬扬地凯旋，孙权高兴得不得了，大喜之下当场赏给甘宁一千匹绢、一百口刀，说“孟德有张辽，孤有兴霸，足相敌也”。这里的兴霸就是甘宁的字。可能有人会有疑惑，孙权打赏一个将领，不赏金银珠宝，却赏了一百口刀，这是为什么呢?

首先，甘宁是战将，武器对于他来说比金银珠宝都要宝贵。其次，孙权赏赐的不是普通的刀，而是百炼刀。这种刀不是随便找个铁匠就能做出来的，需要很长时间才能打造出来。像曹操就曾经打造了几把百炼刀，赏给了儿子们，自己也留了一口，足见这种刀所拥有的价值。

曹操碰到这种事自然很郁闷。他一心想着报仇，仗着人多，主动挑衅了孙权好多次。但是在战争中，人多未必一定是好事。比如有一次，曹操坐油船（小船）夜渡洲上，想到孙权的阵前一探究竟，没想到很快就被孙权的军队发现了。一转眼，孙权的大军就围上来了，把曹军吓得半死，毕竟曹操是出来探营的，所以带的人马并不多。没办法，曹军只能赶紧溜走。一番激战过后，曹军虽然突围成功了，但是背后留下了几千具淹死的尸体，另外还有三千人被俘。这一夜，曹军就损失了将近一万人。

受到这个挫折后，曹操下令不得出战，由进攻转为防御。孙权让士兵到曹军阵前反复辱骂，曹军士兵的脸都给骂绿了，可是曹操依然淡定得很，下令坚守不出。于是，双方又对峙上了。曹操高挂免战牌，一副有本事你就来挑战，我绝对不出来的架势。搞到最后，连孙权自己都憋不住了，真的亲自带上人马，坐着战船来到曹营面前抵近观察。

刚来的时候，曹操的那些将领还没看出是孙权亲自来了，还以为是那些挑战的人又来骂娘了，于是纷纷跑到曹操那里主动请战。可是曹操依然很淡定，亲自走出来，仔细观察对方的船队。一看曹操心中就有数了，过来的根本不是东吴的普通将领，分明是孙权本人。因为孙权这一趟坐的船是排水量高达千吨的五楼船——长安号。五楼船，是指船上面有五层建筑，而且这艘船能够装三千多人。整艘船雕梁画栋，富丽堂皇，远远望去，就是一座豪华的移动城堡。

于是，曹操对手下的将领们仔细叮嘱，这是孙权想亲眼看一看我们的阵容，来试探虚实的，大家做好准备。因为曹军并没有动作，所以孙权真的大模大样地在曹操的水寨中来来回回走了好几里路。按说看也看了，那就打道回府吧。可万万没想到，走出五六里以后，孙权的大船又调头回来了。

孙权毕竟是年轻人，血气方刚，他觉得这一趟来侮辱曹军还侮辱得不够，必须得加点料。这次不仅要看，而且还要一边看一边敲锣打鼓，弄得跟过年似的。这一下，曹操再也忍不住了，一声令下，曹军营中万弩齐发，黑压压的就向孙权的楼船飞过去了。因为曹军的弓箭手都是精锐士兵，所以放起箭来命中率还是相当不错的，大部分的箭都直接扎在了孙权的船上。不一会儿，孙权楼船面对曹军的那一面船身很快扎满了箭，并出现了倾斜、侧翻的态势。

眼看着船就要翻过去了，孙权却一点不慌，只是下令立马调转船身，让另外一侧也受箭。两侧都插满了箭，船身不就平衡了吗？吴军士兵明白孙权的用意之后，立刻掌舵使整艘船在江面上来了个急转弯。等孙权的大船另外一面也受箭受得差不多了，船身慢慢地又恢复了平衡。于是吴军就列队，大大方方地顺利回家了。望着吴军渐行渐远的船队，军容整肃，治军有方，这一切给曹操心里带来了强大的冲击。当时他就感叹了一句："生子当如孙仲谋，如刘景升儿子，豚犬耳！"意思是说，生个儿子就得像孙权这样，而刘表的儿子只不过是猪狗之辈而已。

实际上，曹操这也是为赤壁之战的失败找个台阶下而已，不是我无能，而是敌人太凶猛。这番话和之前他说给周瑜听的那一句"孤不羞走"是一样的道理。

咦，这个故事怎么和《三国演义》里诸葛亮的草船借箭很像呢？没错，《三国演义》里的草船借箭是小说的夸张，罗贯中把孙权的故事套在了诸葛亮的身上，时间也推前到了赤壁之战。这原本是孙权偶然的作秀，在小说里却变成了诸葛亮的妙计，并成为诸葛亮事迹中的典型例子，流传后世，人尽皆知。

吕蒙克皖城

孙权回去之后写了一封信，派人送给曹操。信里有这么一句：“春水方生，公宜速去。”意思是说，曹公，春天这里会发大水，你赖在这儿也讨不着便宜，还是退兵算了。其实，双方已经在濡须口对峙了一个多月，因为孙权防守严密，曹操也没捞着什么便宜。这封信谈的是军情，相对来说还算是客观。

紧接着没多久，孙权又写了第二封信给曹操。这封信谈的是政治，也很真实。孙权忍不住对曹操说出了自己的心里话：“足下不死，孤不得安。”这句话对曹操来说完全是威胁的口气了，意思是你曹操不死，我心里难安。换成是别人，看完这封信当场就会发飙，但曹操是明白人，他知道孙权说得一点不错。

春天来了，江水正在上涨，这是水军作战的好季节。头一年冬天是枯水季节，自己还被东吴水军打了个大败，现在就更不好动手了。东吴的优势就在水军，曹操的优势在于骑兵，在陆地上东吴军队讨不着便宜，而在江面上曹军的优势发挥不出来，自然是占不到任何好处。这一点孙权明白，曹操也明白。所以，曹操一点也不生气，而是把孙权的来信直接和大家分享，然后哈哈大笑，说“孙权不欺孤也”。

于是，从建安十七年（212）十月开始的，折腾了半年的濡须口大战就这样轰轰烈烈地开场，草草地结束了。

虽然战争是结束了，但曹操毕竟是曹操，他也明白玩政治游戏必须以实力作为基础。所以，他在努力攀爬权力巅峰的同时，也没忘了加强经济建设。他打了这么多年的仗，比谁都知道物资的重要性。要是在战争期间发生缺粮事件，不管你在战场上有多大的优势，最后也只能以失败告终。当初的袁绍就是吃了这个大亏。所以，只要不打仗，曹操就会狠抓农田基本建设工作。早在赤壁之战刚刚结束的建安十四年（209），曹操就在淮南实行过移民政策，让孙权在合肥一带找不到劳动力。结果事与愿违，不少百姓受到了惊扰，反而跑到孙权那里去了，江淮一带不少地方成为荒无人烟的死城。

所以，这一次濡须口之战结束以后，曹操决定把这一带的农业生产抓起来。他命朱光为庐江太守，驻守皖城，负责开垦稻田，搞好农业生产外加骚扰孙权。朱光在农业方面也确实有一套，没过多久，就抓出了不错的成效，但是朱光的实力有限，曹操让他去骚扰孙权就有点勉为其难了。因此，这个任命对于曹操来说还是太麻痹轻敌了。

孙权方面的吕蒙看到了朱光的问题，就向孙权提出建议："皖田肥美，若一收孰，彼众必增，宜早除之。"吕蒙的意思是，朱光驻守的皖城一带土地肥沃，若是曹军年年获得丰收，一旦粮食充盈，到时候曹军力量就会得到扩充，我们的麻烦就会无穷无尽，所以必须立刻拿下朱光。此时是建安十九年（214）五月，正好是曹操从濡须口撤走的第二年。

孙权接受了吕蒙的建议，亲率大军抵达皖城城下。东吴诸将准备堆起土山，制作攻城器具，打算和朱光来一场攻坚持久战。这种做法在多数人看来是理所当然的，因为皖城城墙又高又厚，进攻很难，在打硬仗之前先把攻城器具做好，搞个人工土山之类的，爬到顶上，向城里放箭，是最有效不过的了。

可是，这种理所当然的事到吕蒙那儿又没法过关了。吕蒙说："治攻具及土山，必历日乃成；城备既修，外救必至，不可图也。且吾乘雨水以入，若留经日，水必向尽，还道艰难，蒙窃危之。今观此城，不能甚固，以三军锐气，四面并攻，不移时可拔；及水以归，全胜之道也。"吕蒙的意思是，要完成这么多的攻城设备和造山工程，会花费太多的时间，等咱们把这些做好，人家同样也把城防工事修得更加坚固了。最要命的是，到时候他们的援军到了，咱们还能顺利攻下皖城吗？况且咱们是乘着雨水大来的，再拖下去，进入枯水季节，也就等于没有退路了。而且在吕蒙看来，皖城的城墙并不怎么坚固，目前吴军士气高涨，只要四面进攻，皖城很快就可以拿下。等破城之后趁着大水退回去，是最安全方便的方法了。

吕蒙的建议其实就一个意思，那就是一鼓作气攻进去就是了。事实上，吕蒙并没猜错，曹魏的援军正在赶来的路上，带队的正是驻守合肥的张辽。

孙权很快同意了吕蒙的建议，让吕蒙拿一套作战方案出来。吕蒙建议让甘宁作为攻城前线的总指挥，拜升城督尉，带队攻坚，而自己率领精锐作为后援预备队。甘宁是东吴虎臣，很爽快地接受了任务，点好人马就出发了。

战斗打响的时候，天还未破晓，甘宁第一个攀爬上了城墙。很快，城下的将士们就看到手持白练的甘宁已经跳到城头，挥舞着手中的兵器，连砍带杀，身边的曹军士兵纷纷倒地。甘宁得手后，立刻命令敢死队紧紧跟上。随后，吕蒙亲自抡起鼓槌，猛擂战鼓！东吴士兵一看主帅亲自擂鼓助威，个个勇猛争先，完全不顾生死地攀上城墙，手中的刀一刻也没停下来过。

而对于朱光那边，破晓时分正是最困的时候，再加上手下士兵原本就不多，所以完全处于劣势。不过一个多时辰，到了早饭时分，城池就被攻破了，守城的朱光和城里的数万人统统成了俘虏。收到皖城城破消息的时候，作为援军的张辽才到半路。他只能原路返回，带兵回合肥固守了。

这一仗下来，吕蒙的计划大获成功，孙权非常高兴，立刻加封吕蒙为庐江太守，把城内缴获的所有人马辎重统统交给了他。

贾逵谏罢兵

建安十九年（214）的夏天，孙权攻克了皖城，而刘备也终于进了成都，正式成为益州的新主人。虽然曹操现在已经到达权力的巅峰，但是土地的流失依然令他非常恼火。于是，曹操打算再次出征，给别人一点颜色看看。

不过这时有个问题，曹军刚从南方撤军一年多，现在曹操一拍脑门又决定打仗了，况且夏天正是雨季，所以下面的士兵都不太愿意出征。但是做决定的是曹操，他的意见是不可能轻易改变的。为了堵住大家的嘴，曹操下了一道残酷的军令："今孤戒严，未知所之，有谏者死。"意思是说，现在我曹孟德动员大军，虽然还没说去打谁，但谁要敢反对的话，格杀勿论。明眼人一想就明白了，若是打刘备的话，中间还隔着个汉中张鲁，可能性太低了；反过来说，南边皖城刚刚被孙权攻克，这时候曹丞相要到南方打孙权，是再正常不过了。

关键时刻，有一个不怕死的人站出来了，此人正是丞相主簿（秘书）贾逵。贾逵，字梁道，河东襄陵（今山西省临汾市）人。他是一个非常正直、忠义的人，和三国其他将领经常跳槽的模式不一样，贾逵很早就跟着曹操了，而且这一辈子都忠于曹魏势力。对曹操如此忠心，贾逵当然是容不得自己的老板犯糊涂了。他对其他三位同为主簿的同僚说：“今实不可出，而教如此，不可不谏也。”贾逵的意思是，现在大家都不想打仗，丞相下这个命令是很不合时宜的，我们做主簿的必须出面加以阻止。

于是，贾逵起草了一份劝谏书，拿给其他三位同事查看。其他三个人虽然不太认可贾逵的做法，可是又架不住贾逵在一边拼命催促，就在意见书上签了名，然后低头跟着贾逵去见了曹操。不用说，曹操肯定是勃然大怒的，立刻下令把这帮人统统抓起来，然后问罪魁祸首是谁。贾逵也没害怕，他昂首挺胸地站出来说是自己出的主意。

贾逵不出所料地被曹操关进了大牢。虽然进大牢前贾逵是做好吃苦的准备了，但毕竟他是丞相身边的秘书，也是红人一个，狱卒不敢过分为难他，没敢给他戴上刑具。狱卒很客气，贾逵却并不买账：“促械我。尊者且疑我在近职，求缓于卿，今将遣人来察我。”意思是，我知道你们是为我好，但丞相的脾气你们是知道的，他很严格，说不定会派人过来看有没有猫腻。

没过多久，曹操真的派人来探虚实了。还好贾逵聪明，否则看到他没戴刑具，坐在那儿喝茶，曹操下令直接砍头都是有可能的。过了几天，曹操气消了，想想贾逵也就是劝了自己几句，没什么恶意，给个教训也就差不多了，于是下令让贾逵出狱，官复原职。史书中的记载是：“逵无恶意，原复其职。”这件事就这样以喜剧的方式收场了。

荀攸去世

建安十九年（214）七月，孙权拿下皖城后两个月，曹操留下儿子曹植驻守邺城，自己再次东征了。在东征路上，尚书令荀攸去世了，终年五十八岁。

荀彧和荀攸是一家人，都出身于颍川荀氏，按辈分来算，荀攸是荀彧的侄儿，但实际上比荀彧大了六岁。荀攸跟着曹操鞍前马后二十多年，屡献奇谋，外人是不了解内情的，据说只有钟繇知道底细，但是钟繇还没整理好就已经去世了。

对此，裴松之有不同的看法。他说钟繇是个老寿星，在荀攸离世后十六年才去世，什么高深的秘籍需要整理十六年那么漫长？实际上，不是整理荀攸的遗作真的需要很多年，而是钟繇不乐意说，因为这件事需要保密，荀攸知道曹操的军事机密实在太多了。

荀攸和荀彧两个人的职责是不一样的，当叔叔的荀彧更擅长制定战略，掌握的是大方向，讲究全盘考虑问题；荀攸更擅长于制定具体的战术，对于某一场战役该怎么打，他给曹操提了很多可行性的建议，而这种具体的军事机密恰恰是不能随便对外人说的。所以，对于荀攸和荀彧这两个人，曹操的态度是不一样的。

对曹操来说，荀彧更像一个老朋友，但这个老朋友和自己未必是同一个立场的；荀攸不一样，荀攸是出谋划策的人，曹操对这位谋臣一直很尊重。除了自己以外，曹操也要求曹丕把荀攸视为老师，必须非常尊重才行。有一回荀攸生病了，曹丕前去探望，竟然独自一人拜倒在床下。曹丕作为曹操的儿子，对着一个下属施大礼，曹家父子对荀攸的尊敬由此可见一斑。

荀攸去世，曹操很伤心，伤心之余也没有停下进军的脚步。就在曹操率军进驻合肥后没多久，从西面传来了一个好消息，夏侯渊平定了凉州。曹操听后大喜过望，接下来就有机会南下去打张鲁，那样的话，刘备这个大耳贼在益州也就混不了多久了。可是，现在曹操还不能扭头往西北赶，他必须先把东南的事解决了。

在合肥这边，尽管曹操带了不少人来，可是进展非常慢。孙权的防守非常严密，实在是无懈可击。曹操明白，长期耗下去也不会有结果，而且现在情况也发生了很大的变化，当初刘备在荆州活动，所以曹操的威胁主要来自东南面。现在两年过去了，刘备已经进入益州，看样子随时会北上出击汉中。所以，现在曹操的威胁来自东西两线，东面有孙权，西面有刘备，形势十分严峻，两线作战是兵家大忌，再强大的势力都会被拖垮。既然东线孙权这里进不去，曹操就决定看看西线有没有更好的突破口。

汉中的张鲁实力并不强，这些年只是依靠汉中险峻的地形在驻守而已。当务之急就是要抢在刘备之前占领汉中。汉中是进出益州的咽喉要道，谁占领了它，谁就占了上风。刘备一直被曹操打得到处乱跑，如果让他占了先，曹操的脸往哪里放。于是，建安十九年（214）十月，曹操率军撤出合肥，准备出兵汉中。

汉献帝的郁闷

建安十九年（214）发生了很多事：曹操从合肥撤出，准备进军汉中；刘备搞定刘璋，占领益州，拓展了根据地；孙权则占领了皖城，获得了大批辎重，又和曹操罢兵。三家似乎一下子走向了一个很微妙的平衡点。但是，在皇城当中，汉献帝刘协的日子却过得越来越郁闷。他以前当皇帝弟弟的时候，什么事都不用想，什么责任都不用承担，什么麻烦都没有找到他的头上。可是董卓一来，废了他哥，把他扶上全国第一把交椅后，他的郁闷日子就没停止过。

不过，在董卓当监护人的时候汉献帝还没长大，所以虽然被董卓当作傀儡，但是汉献帝的情绪还没有太大的波动。可是当曹操接过董卓的班，换一种名义“挟天子以令诸侯”的时候，汉献帝已经成年了，明白这个天下原来是自己家的，应该是刘家人说了算的。现在汉献帝天天以皇帝的身份去上班，大家都在自己面前行礼，可是表情个个木得跟蜡像一样。任务都是曹操来布置，方针都是曹操来制定，政策都是曹操来拍板。他的职责就是穿着皇帝的衣服，在宝座上坐着。

以前曹操还来上朝，装模作样地在自己面前办公，虽然自己没有发言权，但总归是皇帝的样子。后来曹操干脆就不来上班了，直接在自己府里签发文件，于是皇宫里更没人来了。所以，汉献帝现在除了过着皇帝的生活之外，别的什么权力都没有，就是一个傀儡。他的身边除了几个宫女之外，其他基本都是曹操的人，是曹操派来监控他的活动的，就连后妃当中也有曹操的人。这日子过的真是郁闷啊！

闷闷不乐的汉献帝在没事的时候给自己进行了一下定位，他觉得现在的自己不是皇帝，而只是一个看守皇帝公章的人。在曹操需要的时候，他才有出镜的机会。如果是一个傻瓜坐在这个位置上，或许还会很开心，白吃白喝还不用做事。可是如果是个聪明人，比如汉献帝这种，就非常郁闷了。虽然他想复兴汉室，但是自己一点实力都没有，甚至连嘴边都不能挂着“复兴”二字，只能把这个愿望压在自己心底的最深处。

汉献帝非常清楚，曹操现在就是拿自己当招牌用，是在榨取自己的剩余价值。只要他不闹事，就可以活下去。但问题是现在的汉献帝已经不是小孩子了，他也有自己的圈子，也笼络了一帮人。这些人属于汉朝的老臣，他们不甘心被命运捉弄，时不时为皇帝出谋划策，以求恢复昔日荣耀。对此，曹操是深恶痛绝的，那个叫赵彦的家伙尤其可恶，自己必须找机会把他杀了。

赵彦，琅琊人，时任议郎。据《后汉书·皇后纪》记载，“自帝都许，守位而已，宿卫兵侍，莫非曹氏党旧姻戚。议郎赵彦尝为帝陈言时策，曹操恶而杀之。其余内外，多见诛戮”。意思是说，皇帝到了许都以后，身边都是曹操的人，只有议郎赵彦很同情皇帝，知道皇帝目前的处境，很想帮皇帝一把。虽然赵彦人微言轻，只是一个议郎，可他常常没事就跑去和皇帝聊天，给皇帝分析天下的形势，出出主意。

曹操是个明白人，你如果偶尔跑到皇帝那儿喝酒，他是什么话都不会说的，反过来，他还会很高兴。可你过去喝酒是假，谈国家大事是真，曹操还能坐得住吗？于是，曹操找个借口就把赵彦抓起来杀掉了。曹操是想通过这件事告诉所有人，无论谁随便跑去和皇帝聊天，都是有生命危险的。

曹操不允许别人去和汉献帝谈国家大事，自己却很乐意经常过去。但有一次，他出来以后就再也没去找过汉献帝了。不再去不是因为年纪大了，没力气走路，而是曹操心里真的害怕了。所有人都认为现在只可能是皇帝怕曹操，哪可能曹操反过来怕皇帝呢？但是那一次曹操是真的害怕了！

那次曹操像往常一样，做足头号权臣的派头去见汉献帝，大声说自己有事要汇报。自从赵彦死掉以后，再也没人敢给汉献帝出主意了，汉献帝就更郁闷了。看到曹操神气的样子，他心里忍不住更气愤了，当时就怼了回去，说："君若能相辅，则厚；不尔，幸垂恩相舍。"汉献帝的意思很明确，您要是觉得我还可以的话，就请辅佐我，我会感激您的深情厚意；要是您觉得我确实不行，就请把我废掉吧。

汉献帝说话的声音不大，语气也很平缓，对曹操来说却如同五雷轰顶。他万万没想到，被自己玩弄于股掌之间的小孩儿，现在已经成长成一个连死都不怕的真皇帝了。皇帝说这话就是明摆了想置之死地而后生，曹操脸色一下子就变了，气势立马软了下来，还汇报什么工作，赶紧行个礼就退出去了。

为什么曹操的反应这么大呢？一方面，汉献帝的表现让他吃惊；另一方面，他对汉朝的规章制度比谁都熟。原来汉朝有个规定，但凡手中有兵权的三公级的人物去见皇帝的时候，都必须有带刀的武士左右挟持着，而这些带刀武士只对皇帝负责，只听皇帝的话。没错，现在天下是曹孟德说了算，可招牌仍然是汉朝的，汉朝的这些规定他仍然要遵守。以前他从来不把汉献帝当回事，可是今天汉献帝突然说出这样的话，让曹操感觉忍无可忍了。

如果汉献帝在这个时候突然大喝一声，旁边的武士冲出来，然后像当年吕后抓韩信一样，当场把自己捆起来杀掉，可能他连反应的时间都没有，这么一想，还真是让人后怕。曹操吓得浑身是汗，决定从此以后都不要再见皇帝了。但不见不等于不管，相反曹操管得更严了。汉献帝这家伙虽然手中没权，手下没人，但依然很危险，必须加大整治力度，不能让他有一个自己人，否则后果会很严重。汉献帝身边现在还有几个自己人呢？曹操很快就发现了，第一个就是董贵人。

董贵人是董承的女儿。董承当年号称自己有密诏，想利用这个召集人马反抗曹操，结果事情败露，被曹操杀了。汉献帝究竟有没有写密诏？这件事是历史悬案，这里不再赘述。杀董承的时候，他的女儿董贵人已经有孕在身。汉献帝弱弱地请求曹操务必放董贵人一马，可曹操哪会管这么多，最后硬是把董贵人给杀了。

要知道，汉献帝可不止一个女人，他身边还有伏皇后。伏皇后听说这个消息后也是惊恐不安，既然曹操今天能杀贵人，明天岂不是随时可能拿皇后动刀。想到这里，伏皇后害怕了。她比谁都清楚，现在曹操最想踢走的人是自己。这是怎么回事呢？

原来，在建安十八年（213）的秋天，曹操把自己的三个女儿曹节、曹宪、曹华献给了皇帝，其中，曹节还受到了皇帝的宠爱。现在只要把伏皇后一脚踢开，或是废了，或是杀了，那曹家女儿，或者说曹节不就能成为新一任的皇后了吗？曹操把女儿送进来，目的不就在于此吗？明白了这一层，伏皇后就不可能在那里坐着等死了，她打算开始有所行动。

伏皇后的命运

其实，伏皇后的危机意识一直都在。自从当年伏皇后看见董贵人被杀以后，心里立刻就开始害怕了，她知道自己被废或是被杀的可能性已经空前增大了。她为什么会这么想呢？

伏皇后能嫁给皇帝，那绝对是样貌、身材都很优秀的，这种女人出了宫，另嫁一个老公应该不难吧？其实，这种可能性几乎是不存在的。这是在封建社会，即便刘协现在是个傀儡皇帝，废皇后的下场也是很悲惨的。况且这一次根本就不是刘协的事，而是曹操想越权把她废掉。如果按照皇帝刘协的性格，废了也就废了，等待自然死亡就好。

可曹操是这样的人吗？伏皇后猜想自己被废掉以后，人还没走到冷宫，大刀就已经把她脑袋给砍了。伏皇后比她的皇帝老公有魄力多了，想到自己可怕的未来，她立刻开始警觉了，明白现在如果满怀恐惧地等着，等来的不是未来，而是死亡，与其如此，不如拼了。站在伏皇后的立场来说，这个想法是完全正确的。可是，再正确的想法也得有执行力，没有实施的能力，所有的理想就只能是空想。

为了挽救自己的生命，伏皇后给老爸伏完写了一封信，恳求老爸帮忙。然而，这封信的内容被她爸泄露出去了。伏完告诉了荀彧，后来又告诉了她的舅舅樊普。结果樊普跑到曹操那里举报了伏完，曹操一听就发毛了，于是暗地里开始防备了起来。

本来这件事应该伏完负全责的，可是这家伙运气好，没过多久就病逝了。直到病逝前，他都没采取什么实际的行动，但是消息泄露，让曹操知道了，这事儿就没完了。所谓的查也只是一种表面的说法，虽然曹操知道这封信是伏皇后写的，但因为她还戴挂着皇后的帽子，随随便便去抓人会让天下人笑话，所以曹操决定还是做点表面文章。

于是，在建安十九年（214）十一月，曹操在命令御史大夫郗虑全权处理这件事情。为什么会选择郗虑呢？因为郗虑这个人处事凶狠，且不讲什么礼仪道德。当初曹操力排众议，把郗虑提拔上来，目的只有一个，借他的手办了孔融。等郗虑把孔融的事处理完，曹操发现派他处理这类的事情很好用，效果很明显。从那以后，曹操心里就有一杆秤了，那些拿不上台面的、说不出口的事，让郗虑去办就对了。

曹操把郗虑找来，命他带上他的副手尚书令华歆，点上兵马开进许都皇宫执行废后的任务。曹操这些年已经忍伏皇后很久了，早就想干掉她。干掉她，自己的女儿才有机会当皇后。现在好了，伏皇后主动密谋想搞定曹操，这就等于密谋推翻国家政权，比造皇帝的反还严重。当时造汉朝反的人，多得数不过来，也没见有几个人被砍了脑袋，倒是在曹操手下，几个忠于汉朝的人被干脆利落地杀掉了。

同时，曹操还以汉献帝的名义写了一道废后诏书。废后诏书上是这么写的："皇后寿，得由卑贱，登显尊极，自处椒房，二纪于兹。既无任、姒徽音之美，又乏谨身养己之福，而阴怀妒害，苞藏祸心，弗可以承天命，奉祖宗。今使御史大夫郗虑持节策诏，其上皇后玺绶，退避中宫，迁于它馆。呜呼伤哉！自寿取之，未致于理，为幸多焉。"这道诏书的核心意思是，伏皇后本来是百姓出身，后来当了国母，却不讲什么礼节，现在居然还玩起了阴谋诡计。这种人能让她母仪天下吗？现在我命令郄虑过去，收缴她的公章和大印，让她离开中宫，迁居偏殿，这是她自作自受，要怪就只能怪她自己。

看着这封以自己的名义写的废后诏书，和郗虑这群不速之客，汉献帝背后冒出一阵阵寒意。他这个皇帝已经被彻底架空，能使唤的人也就是身边这几个宦官、宫女了。面对意外，还能怎么办呢？汉献帝只能在郗虑的陪伴下，在外殿愣愣地坐着，尚书令华歆则带兵去后宫抓伏皇后。

前面熙熙攘攘地吵闹着，后宫想不知道也很难。早就有人跑到后宫去告诉皇后，曹丞相派人来抓你了。伏皇后当然也不傻，不会心甘情愿地坐在那儿被人抓，可是逃到哪儿去呢？皇宫虽大，可到处都是曹操的人，这些人就像铜墙铁壁，比皇宫的墙还要厚实，看着后宫的高墙，伏皇后悲痛欲绝。

忽然，伏皇后灵光一闪，虽然逃不了，但自己可以躲。等华歆带着人冲进来的时候，他发现伏皇后寝宫的门关着，撞开一看，不见半个人影。华歆四处一看，很快明白了，大声吩咐手下找人来把四面的夹墙砸掉，看看这区区的夹墙是不是真能藏得下一个大活人。这下伏皇后只能自认倒霉了，她确实躲在了夹墙里面。

伏皇后就这么被抓住了。既然是在夹墙里给人拖出来的，仪表自然好看不到哪里去，伏皇后就那样披头散发、光着脚往前面走。坐在外殿的汉献帝很不安，可是他一点办法也没有，只能被动地接受这一切。一阵喧闹过后，伏皇后被押着经过皇帝的身边，皇帝还得挤出笑容，礼貌地和郗虑他们打招呼。可是郗虑和华歆什么话也没说，外殿之上只有伏皇后凄惨的哭声久久萦绕。

这个女人是自己的妻子，帝国的皇后，汉献帝此时此刻却无能为力。伏皇后来到汉献帝面前的时候，对他说："不能复相活邪？"伏皇后现在把全部的希望都放到了汉献帝的身上，难道我真的不能活命了吗？您真的没办法救我了吗？

汉献帝拉着伏皇后的手，几乎都哭出来了："我亦不知命在何时！"意思是，我现在都不知道自己能活到什么时候。可是毕竟自己是个男人，怎么能眼睁睁地看着自己的女人去死呢？皇帝决心做最后的努力，回头对郗虑说："郗公，天下宁有是邪！"

郗虑当然明白汉献帝的意思，历史发展到现在，真的没有出现过这样的事。谁听说过臣子能够当着皇帝的面把皇后绑走呢？可是，这件事偏偏在曹操的授意下发生了。当皇帝的都阻止不了，我又能说什么呢。郗虑没有回答，因为皇帝的这个问题没有人能回答，所以所有的努力都是徒劳。曹操的人扬长而去，留下的只有伏皇后的哀鸣，在大殿上，在皇帝的耳朵里，久久萦绕，无法平息。

曹节封后

伏皇后被硬生生地从皇帝面前拽走后，关在皇宫的暴室里。暴室是汉代的官署名，属掖庭令管辖，最早的职责是织作染练。因为那些纺织品被妇女制作出来以后需要暴晒，所以这个地方就被称为暴室。到了后来，宫中的女眷生病了，也被移来这个地方休养。换句话说，暴室名义上就是皇宫的医务室。再后来，就地如其名了，暴室就不是曝晒的曝，而是残暴的暴了，因为它成了皇宫里面的女人犯错以后的监狱。

暴室做着监狱的事情，又不是正式的监狱，所以规则在这里是不存在的。现在伏皇后是重点嫌疑政治犯，待遇自然就不必提了，没过多久她就死了。

伏皇后死后，曹操仍然觉得心情十分不爽，于是又派人过去，给伏皇后生的两个儿子送上了毒酒。等伏皇后和两个儿子都死光了，事情就完了吗？当然没有。曹操可是一个地地道道的狠人，他对伏氏家族进行了一次大屠杀，史书记载：“（伏氏）兄弟及宗族死者百余人。”也就是说，曹操把伏家一百多口人都砍了头。

后世对于伏皇后之死的原因有些争议。有人认为，伏皇后死得不明不白，引发血案的那封信有可能是莫须有的东西；有人认为，这封信即便不存在，伏皇后也得死，因为伏皇后和曹操的三个女儿形成了竞争关系。如前所述，曹操的三个女儿被送进了宫中，并在进宫后不久就成了贵人。即便是贵人，曹操也不满意，所以作为后宫之主的伏皇后必须为曹家三女让位。

现在伏皇后已经死了，皇后的位置就空缺出来了，这个职位自然而然地就成为曹家的专利了。国不可一日无君，后宫不可一日无后。建安二十年（215），曹操的女儿曹节成了新皇后。曹操是想用这个举动向皇帝表明，你放心做你的皇帝，我是不会害你的性命的。

第四章

曹操兵发汉中

汉中硝烟四起

曹操在解决内部事务的同时，也没有忘记放眼外部。现在的情况是，东线孙权攻克皖城，曹操处于守势。固然孙权突破不了合肥，但曹操也突破不了濡须坞，双方就在濡须口僵住了。这时西线又出了问题，刘备占据了益州，如果刘大耳朵真从益州进军汉中，那么关中岂不是无险可守了吗？曹操绝对不允许自己面对两面受敌的险境。所以，他准备趁刘备在益州立足未稳之际，就把这问题彻底解决了。

建安十九年（214）十月，刘备踏入成都不足五个月，曹操已经率领大军出征，剑指汉中张鲁，但实际上的战略任务是消灭刘备。这一路曹操要翻越秦岭，道路遥远，这对当时六十岁的曹操来说是非常严峻的考验。

建安十九年（214）十二月，在新年来临之前，曹操率领大军来到了孟津。不过，对于东线合肥，曹操还是不太放心的。和孙权打交道这么多年，他太了解对方的个性了，孙权像泥鳅一样狡猾，像山鹰一样敏锐。如果曹操挥师西进，夺取汉中，合肥这边难保不出状况。所以，曹操在合肥这边安插了张辽、李典、乐进，个个都是名将。

但是，再猛的将领也得讲实力和军队的数量，曹操这边的守军一共才七千多人，孙权是绝对不会放过这个机会的。他能立马调动几万人马，用人海战术把你给吃了。合肥这边万一发生状况，等消息传到自己这里，黄花菜都凉了。所以，曹操就想了个主意，写了一封信给张辽他们，信封上特意注明了“贼至乃发”，意思是敌人来了，再把这封信打开看，里面有妙计可以退敌。

做好安排后，曹操安心很多，积极准备进击汉中。建安二十年（215）三月，曹操率兵出发，首先抵达武都，准备从武都进入氐族人的地盘。氐族是益州当地的一个少数民族，周秦时代分布在今甘肃、陕西、四川三个省相邻的地带，主要从事畜牧业和农业。整个民族的分支非常多，比如巴氐、白马氐、阴平氐等。另外，氐族常常和羌族一起出现，甚至有种说法认为，氐族人和羌族人实际上是同源的。但也有人认为，羌族和氐族关系虽然密切，却从来都是两个不同的民族。不管是不是同源同宗，这两个少数民族一直关系很密切，而且对汉族军队向来就没什么好印象。

现在曹操大军来了，氐族人的心思又活络起来了。曹操很快得到线报，说氐人部落沿途骚扰，妄图阻止曹军前进。于是，曹操立刻派出张郃、朱灵前去清剿。曹军打得很轻松，三下五除二就攻破了氐族人的防线。

等张郃他们打完，夏侯渊也率领着雍州部队前来和曹操会师了。需要注意的是，这个时候已经没有了凉州的概念了，天下已经合并成了九州。所以夏侯渊率领的是雍州部队。有了夏侯渊这个威震西部的将军加盟，曹军的声势就更大了。

建安二十年（215）四月，会师完毕后的曹操从陈仓出发，来到了大散关，之后翻过大散关的崇山峻岭到达河池。这个时候，氐族人又出现了，虽然他们败了一仗，但依然很顽强，打算继续和曹操部队作对。他们觉得自己守在险处，就可以把曹军死死缠住，不让曹军前进一步。时间久了，曹操没耐心了，自然就回去了。

凭借这个理念，氐人部落的头领窦茂率领一万余人，借助险要地形，拒不投降。但氐族人的作战水平依然没有什么提高，也没总结出什么经验，愤怒的曹操依然派出了张郃狠狠地教训了他们。猛攻几次以后，氐人部落彻底失败了。

这么来回折腾几次，曹操的愤怒程度就相当高了。曹操大手一挥，一场大屠杀又开始了。以前平定徐州的时候，曹操已经有过了深刻的教训，可是他就是不认真吸取，一次又一次地做出这种反人道的事。后来曹操虽夺取了汉中，却立足未稳，被刘备夺走了，恐怕不得人心也是其中重要的原因之一。

七月，曹军终于赶到了阳平关。阳平关位于今天陕西省勉县境内，是汉中的西大门，北靠秦岭，南倚汉水。在中国传统的观念当中，山南水北为阳，也就是说，山的南面、水的北面是风水宝地。阳平关正处于这样的位置上，是一个易守难攻的好地方。守着这种地方，按说张鲁不应该有太多的顾虑，可是他一听说曹操军容整齐地杀上来了，立马就想到了投降。可他的弟弟张卫不同意，硬是带着几万军队在关上坚守，打造了一道十多里长的城墙，专等曹军前来进攻。这下，曹操终于要和张鲁面对面了。

张鲁治汉中

提到张鲁，就不能不提他手下的五斗米道（即天师道）。东汉顺帝汉安元年（142），张陵在四川的鹤鸣山创立了天师道，信徒们把他称为天师。第二代天师张衡是张陵的儿子，这位天师和科学家张衡同名同姓，不同的是，这位天师研究的不是天文地理，被信徒们称为嗣天师。张鲁是张陵的孙儿，张衡的儿子，被信徒们尊称为系师。

太平道和五斗米道有很多相似的地方。太平道是让病人忏悔自己的言行，然后把符烧成灰兑上水，之后用符水为这些病人消灾祛病。五斗米道也是类似的方法，叫人面壁思过，然后开始治疗。张角的主要目的是使病人成为自己的信徒，为将来自己的政治活动（黄巾起义）打基础。而这个五斗米道没什么政治目的。如果只是普通的感冒，穷苦人家一般忍一忍也就过去了，所以一般去看病的都是重病快死的人。把重症病人救回来，只收五斗米，这个价格无论如何都算是公道的了。

由此我们可以看出，太平道既是宗教组织，也是政治组织，然后进一步升级成为军事组织，是为张角兄弟个人政治目的服务的。而五斗米道在张陵和张衡手里，是地地道道的宗教，他们要的是信徒对宗教的虔诚。但是，这种情况到了张鲁这里就有变化了，这个变化的导火索是张鲁的同事张修。当时张鲁和张修都在益州牧刘焉手下当司马，但是这两位又同时从事宗教活动，而且还同时被派去攻打汉中。拿下汉中以后，张鲁找了个机会把张修杀了，自己就成为五斗米道独一无二的主宰者了。

于是，汉中就成了张鲁的独立王国。在这里，他实行的是政教合一的独特管理体制。张鲁本来是汉中郡的太守，但是他让大家称他为师君这个很有宗教特色的称谓。同时，张鲁还大胆实行政府机构改革，以宗教组织代替各级政府机构，以神职人员来代替官吏管理郡内事务。

这些神职人员当中还有其他不同称谓，像祭酒、奸令、鬼卒等。其中，入道比较久的资深的宗教人士称为奸令或是祭酒，他们各领部众，主要负责管理地方政务。鬼卒是指那些入道时间比较短的初学者，他们受奸令和祭酒的管理。祭酒们在汉中郡内到处设置义舍，也就是免费的官方招待所。招待所里有饭有肉、管吃管住，而且全部都是无偿服务，一切都由上级有关部门出资。

既然是免费，难免会有贪小便宜的人。其实，这个问题张鲁早就想到了，他特别提醒那些入住的人，多吃多占没问题，但是你这样做会得罪鬼神，会生病，会受到惩罚的。要知道，来贪便宜的人通常是能算计的人，为了吃喝，落下病根就太不划算了。后来，那种白吃白占的行为就少了很多。

在社会医疗保障方面，张鲁也很有一套，甚至让外人看起来有些匪夷所思。他让那些病人静坐反思，或是公开承认自己所犯的过失，然后喝点神水就回家了。

在社会治安方面，对于那些第一次犯法的人，张鲁是不主张给对方处罚的，而是和对方摆事实，讲道理，让对方自己反省。如果有人一不小心第二次犯法，只要真心悔改，照样原谅。这下麻烦就来了，总是有一些人屡教不改。当然，这种人还是要惩罚的，具体做法就是让他去劳改。当时汉中郡让这些屡教不改的犯人去修路，惩罚的程度是以修路的长度来衡量的，比如情节轻微的修一百步远就可以了。

张鲁虽然被称为是割据一方的军阀，但实际上他是一个宗教界人士，在他身上很难看到普通军阀的作风。从这个角度来讲，他对百姓真的不错，至少不会动不动就打骂杀戮。所以总体而言，汉中在张鲁的治理下变得井井有条，张鲁的影响力也越来越大，甚至影响到了三巴地区。

三巴指的是巴郡、巴西郡和巴东郡，这些地方原本是在刘焉的管辖之下的。以前刘家的管理不怎么样，松松垮垮地不成体统，而张鲁看到后就见缝插针，没事儿就把自己手下的神职人员派出去四处活动。所以，当时整个三巴地区都有五斗米道的传道者忙碌的身影。

到刘璋时，他觉得自己无法容忍张鲁的这种行为了，就把亲家庞羲派到三巴地区去管理。结果，庞羲过去以后于事无补，双方就这么对峙下去，都没办法一口吞掉对方。后来刘璋脑子犯昏，想请刘备到益州来帮忙消灭张鲁，结果刘备对张鲁一点兴趣都没有，反而把益州收入了自己囊中。刘璋去荆州当寓公的时候，张鲁依然在自己的一亩三分地上，非常勤奋地从事自己的宗教事业，日子照旧过得很快活。

当然，这种情况不会维持多久，因为很快就有另外一个人对张鲁的汉中表现出了浓厚的兴趣。这个人就是曹操，曹操想通过吞并汉中来消灭刘备。建安二十年（215）七月，曹操的大军和张鲁的部下终于在阳平关迎来了正面对决。来到了阳平关后，曹操天天派人大喊大叫，说是要把张鲁彻底碾碎。

于是，爱好和平的张鲁想到了一个妥善解决争端的办法——投降。曹操对于降将的政策很优惠，张鲁虽然不大出远门，但是对天下大势还是非常清楚的。所以到了这个关键时刻，只有一个最麻烦的问题，那就是面子到底还要不要。张鲁在统治汉中期间，擅自把汉中郡改成了汉宁郡，朝廷拿他没办法，默认了他的统治，封他为镇民中郎将，也有一种说法是叫镇夷中郎将，领汉宁太守，俨然就是一个土皇帝了。

张鲁的官职是朝廷任命的，现在朝廷的主要领导来到辖区视察工作，自己趁机归顺，想来也没什么不好意思的。相对于性命身家、荣华富贵而言，面子是次要的。所以张鲁打算投降，但是他很快遇到了阻力。

张鲁的弟弟张卫觉得不能一仗没打就投降，说出去会让人瞧不起。其实，张卫不是愣头青，也不是一拍脑门做的决定，他也是有根据的。汉中这个地方，北面是秦岭，南面是汉水，地势险要，易守难攻，况且张鲁手下还有好几万人的部队，这些人既是士兵也是信徒，打起仗来忠诚度可想而知，所以要拼一下也是可以的。

在会议上，张鲁看自己弟弟的态度这么坚决，就支支吾吾地同意了。可是张鲁万万没想到的是，他这一赌还差点儿赌出奇迹来了，声势浩大的曹军居然拿他一点办法都没有，反而被折腾得半死。

阳平关之战

张鲁要想保住汉中，就必须守住阳平关，因为它是川陕咽喉，汉中门户。于是，张鲁的弟弟张卫和大将杨昂率领数万人马赶到阳平关，在山上筑起了十多里长的石墙，全力阻挡曹军前进。

汉中一带地形复杂，是典型的易守难攻之地，所以曹操也力图做好情报工作，把熟悉地形的原凉州从事、武都降卒统统叫过来了解情况。那些降兵都说，搞定张鲁容易得很，阳平城外南山北山相距很远，张鲁根本没办法防守。曹操听完立刻信心爆棚了，下令部队全力开进。

曹操赶到阳平关的时候才发现，实际情况复杂很多，不应该听信那些降兵的一面之词。可既然到了，总得先打一仗再说。于是曹操就下令向阳平关发动进攻。可阳平关这地方真是一夫当关，万夫莫开，张鲁军占据了地利，曹军虽然军力占优，却没有丝毫突破的办法。几次冲锋以后，山路上就倒满了曹军的尸体，而张鲁军筑造的石墙几乎没受到什么损失。如果继续下去，问题就来了，粮草越吃越少，进展却半点都没有。

曹操长叹一声，打了三十多年仗，还从未如此受制于人。再加上长途跋涉，山路陡峭，运粮艰难，这种仗很难再坚持下去了。于是，曹操就有了撤兵的想法。山上的张卫等人一看曹军有撤兵的迹象，心中大喜，在防守方面不免有些松懈。曹操一看，山上的张卫防守开始松懈，心思又活络了，悄悄地派遣解慓和高祚等人准备夜袭阳平关。

就在这个节骨眼儿上，两件意外的事发生了。正是这意外之事成了阳平关之战的转机。其中，第一件事发生在曹操打算撤兵的时候。夏侯惇的前锋部队负责通知山上的同袍撤退，可因为天黑，路又不熟，结果去找人的先锋部队居然懵懵懂懂地闯进了张卫的一个军营。

此前曹军拼命进攻，就是想攻进这个大营的，结果死了不少人，到最后连大营的具体位置都没摸清楚。而这一次上来传令的这帮人一点没有战斗打算，却瞎猫碰到了死耗子，硬是闯进了这个大营。张卫手下的士卒一下乱了阵脚，他们都没想到，曹军居然就这样出现在自己面前。双方就这么愣住了，过了一会儿才突然醒悟过来。

曹军士兵还是训练有素的，一旦醒悟过来，就迅速把武器都拔出来了，而张卫那边的士兵撒腿就跑，全线崩溃了。

侍中辛毗、主簿刘晔也跟在这支部队后面，一看这个情况，知道机会来了，赶紧回头向夏侯惇报告。夏侯惇一听也愣了，还真的跑到前面去实地勘查了一番。他一看就乐了，张卫的部队真的是到处乱跑，于是赶紧派人回去报告曹操。曹操一听，也有点犯愣，天下居然有这种好事，那还犹豫什么？于是，曹军不撤了，一回头，全力进攻。

就这样，曹军攻下了阳平关，可是谁信？

事后，俘虏交代了另外一个细节：这天夜里，不仅夏侯惇的先锋部队闯进了自家军营，还有另外数千个不明身份的入侵者也闯进了军营。这就是阳平关之战的第二件意外之事。

不过，另外那几千个闯进来的不是人，而是山上的野生麋鹿。这些野鹿估计在集体迁徙，或是因为白天打仗的事把它们吓坏了，哆哆嗦嗦地聚在一起。本来想趁着夜色逃出去，想不到曹军士兵又摸上山来，这一下就把这些麋鹿吓着了，到处乱闯，还偏偏就闯进了张卫的军营里。于是，营中很多士兵迷迷糊糊地就被踩了脸，踹了屁股，甚至有人被鹿角捅了肚子。

即便是那些清醒的站岗士兵，平日里也没接受过和野鹿打仗的训练，于是军营里一片混乱。再加上曹操派出的高祚、解慓正好过来夜袭军营，这些场景组合在一起，使得张卫的部下以下大势已去，纷纷放下武器，放弃抵抗，跟着野鹿后面四散而逃。逃跑的军队自然是没有什么战斗力的，曹军这边当然毫不客气，举着火把，挥动武器，把张卫的部队一顿暴揍。

打到天亮，夏侯惇发现阳平关已经被拿下了。阳平关的大旗已经换成了曹字大旗，张卫的主力早就跑得无影无踪了。不管用什么方法，反正阳平关已经被曹军拿下，汉中已经无险可守了。

张鲁出奔巴中

阳平关失守的消息很快就传到张鲁那里。他知道现在汉中已经是没了壳的乌龟，自己不抵抗的理由更加充分了。于是，张鲁又寻思着向曹操投降了，再不投降，曹操打过来就没机会了。就在这个时候，阎圃出来劝他："今以迫往，功必轻；不如依杜濩赴朴胡，与相拒，然后委质，功必多。"这话的意思是，咱们投降是没错的，但投降的时机不对，曹操会觉得咱们是不得不投降，这样投降过去能有什么好待遇，不如先投向巴中的杜濩和朴胡，和他们联手，象征性地再抵抗一段时间，等把曹操折腾累了再归顺他。这样一来，咱们的价值才能体现出来。

阎圃口中的杜濩和朴胡在巴中当地可不是小人物，杜濩被朝廷封为邑侯，朴胡被封为七姓夷王。他们是有着"东方斯巴达人"之称的賨人部落首领。当年汉高祖刘邦还是汉王的时候，就把賨人作为自己的先锋，打败了秦朝的部队。为了表彰他们的功绩，汉高祖把他属下的鄂、罗、朴、昝、夕、度、龚七个姓封为功臣。后来，这七个姓成为这个賨人部落的大姓。于是，朝廷就封了一个七姓夷王统一来管理。投奔这两个人，想法是没错的，依靠一切可以依靠的力量，即便真想投降，也要精打细算，争取利益的最大化。张鲁下定决心后，就带着大家向巴中狂奔而去。

汉中这些年在张鲁的治理下还是不错的，五斗米道开展得有声有色，官府的收入也不少，百姓兜里都有钱，这些都是实打实的治理成果。现在要逃跑了，这些东西都留下吗？张鲁的部下不同意，既然不能全部带走，干脆一把火烧了。这样，就算曹操占领了汉中，也捞不到什么实惠。可是张鲁不同意，他说："本欲归命国家，而意未得达。今之走避锐锋，非有恶意。宝货仓库，国家之有。”在他看来，自己本来就是朝廷的人，心里一直打算归顺。出于种种原因，这个心愿未能实现。但这不等于未来实现不了，他还是要回来的，所以官府仓库里的东西是国有资产，不能随便损坏。

于是，张鲁下令将仓库全部封存好，然后撤离。没过多久，曹操来了，进入汉中郡的治所。第一件事就是把仓库打开，看看汉中官府的库存情况，一看吓了一跳，所有的财产全都安然无恙。曹操当时就感慨万千，也明白了张鲁的用意何在，于是立刻派人过去给张鲁传话，告诉他曹公已经知道了你的心意，希望你能尽快回到汉中投降，曹公绝对不会亏待你的。

虽然张鲁还有些犹豫，但是他身边的那些少数民族部众却按捺不住内心的激动。建安二十年（215）九月，朴胡、杜濩各自率领部下前来归附。曹操封朴胡为巴东太守，封杜濩为巴西太守，还把两人封为列侯。

显而易见，这几位的归降起到了典型的示范作用。当年的十一月，张鲁带领全家来到南郑，正式表示归顺朝廷。曹操也不食言，亲自出城迎接不说，还任命张鲁为镇南将军，封阆中侯，食邑一万户。同时，张鲁的五个儿子也被封为列侯。曹操还让儿子曹宇娶了张鲁的女儿为妻。

而且，给张鲁出主意的阎圃也被封侯了，可见曹操赏赐起来也像他杀人一样，绝不手软。作为战败的一方能够享受如此的优待，自然是赚了的。曹操也没吃亏，他已经成为汉中的新主人了。更重要的是，他已经成功地把张鲁树立成为一个值得大家效仿的榜样。如此看来，这一趟汉中之行，双方确实实现了互利双赢。有了张鲁这个榜样在前，投降和归顺就成为汉中巴中一带军阀们的最优选择了。

比如建安十六年（211），曾经随马超一起起兵反抗曹操的程银、侯选等，在马超兵败以后逃往汉中，现在也在这种政策的感召之下前来投降。曹操看见这些人投降自然十分高兴，立刻让他们官复原职。

在这一大波投降的人当中，有一个人特别显眼。这个人就是马超原先的部将庞德。庞德，字令明，之前一直跟随马腾、马超。马超兵败，南下投奔张鲁，庞德也跟着来了。后来马超又南下成都投奔刘备了，庞德因为生病被迫留在汉中。想不到局势变化这么快，一年不到，庞德病刚养好，曹操就已经得了汉中。所以，庞德也就随众投降了。曹操是特别爱才的人，并没有因为庞德是马超的部将看不起他，反而非常重视，立刻拜他为立义将军，封关门亭侯，食邑三百户。

其实说起来，庞德之前也曾经为曹家立下汗马功劳。之前曹操去平高干的时候，带队的是钟繇，钟繇当时说服马超一起联手攻打叛军头子郭援，而在混战之中砍下郭援人头的正是庞德。后来，庞德在襄樊保卫战中有极为出色的表现。水淹七军的时候，就是他誓死不降，被关羽擒获了。这是后话了。

得陇望蜀

汉中已经归入版图，张鲁已经投降。现在是乘胜入蜀，还是留下人马据守汉中，大军班师回朝呢？这还用问吗？曹操这趟的最终目标就是打倒刘备，拿下益州，攻占汉中只是这盘棋的一小步啊。可是，在这种理所当然的事面前，曹操却莫名其妙地纠结起来，还专门开会讨论。

司马懿率先发言："刘备以诈力虏刘璋，蜀人未附，而远争江陵，此机不可失也。今克汉中，益州震动，进兵临之，势必瓦解。圣人不能违时，亦不可失时也。”司马懿的分析是，刘备是以欺骗手段获得益州的，虽说解决了刘璋，但是还未得到蜀人的真心归附，更何况他又在远处与孙权争夺江陵，这对于我们来说实在是历史性的机会，机不可失。现在张鲁已被我们搞定，我军扬威汉中、益州震动，若趁此机会兵临成都，敌人势必分崩瓦解。

按道理，司马懿这番话对于曹操集团来说是非常正确的。对于刘备来说，这一招实在太毒了。真要这么做了，恐怕接下来就没刘备什么事了。

听了司马懿的话，曹操冒出了一句话：“人苦无足，既得陇，复望蜀邪。”意思是说，现在已经取得陇右了，还想攻取西蜀，真是贪得无厌，不知满足。到了后世，曹操这句话就变成了一个成语——得陇望蜀，比喻一个人得寸进尺，不知满足。

一看曹操是这个态度，刘晔在旁边也跟着劝道：“刘备，人杰也，有度而迟；得蜀日浅，蜀人未恃也。今破汉中，蜀人震恐，其势自倾。以公之神明，因其倾而压之，无不克也。若小缓之，诸葛亮明于治国而为相，关羽、张飞勇冠三军而为将，蜀民既定，据险守要，则不可犯矣。今不取，必为后忧。”刘晔的意思是，刘备是人中豪杰，做事虽然有章法，但是动作迟缓；而且他取得蜀地的时间不长，还不能完全依靠蜀人。我们刚刚攻取汉中，蜀地之人必然受到了很大的震动，很可能会自行崩溃。以主公的英明，趁蜀人崩溃的时候率兵压境，一定能取得胜利。如果稍有迟缓，诸葛亮是擅长治国的相材，关羽、张飞是勇冠三军的猛将，蜀地人民安定以后，据守险要之处，我们就很难进攻了。现在不去攻取，必将成为我们的后患。

虽然司马懿和刘晔分析得相当到位，但很可惜的是，曹操还是没有采纳。不过，曹操很快就后悔了。就在曹操纠结的时候，川中有不少士兵前来投降。曹操专门问他们成都现在情况如何。那些士兵纷纷表示："蜀中一日数十惊，守将虽斩之而不能安也。"意思是，曹军攻克汉中以后，蜀中大乱，城里的人个个慌得要命，全城秩序已经全面混乱。虽然守城的将领下令杀人来镇压，但依然制止不了，一天能发生数十起兵变事件。

曹操一听，肠子都悔青了，成都还真乱了，赶紧把刘晔叫过来："今尚可击否？"刘晔摇摇头，很遗憾地说："今已小定，未可击也。"既然蜀地已经初步安定，进攻的最佳时机已经错过，那么还是回去吧！

于是，曹操下令留夏侯渊、张郃驻守汉中，命丞相长史杜袭为驸马都尉，留下掌管汉中事务，自己则亲率大军原路撤回了。

张飞大破张郃

曹操撤军了，刘备却并不开心。早在张鲁离开汉中跑到巴中的时候，黄权就曾劝刘备去接触张鲁。黄权，字公衡，巴西阆中（今四川省阆中市）人。他年轻的时候就当了郡吏，后在刘璋手下当主簿。之前刘璋想把刘备请到益州来对付张鲁的时候，就是黄权劝刘璋说刘备是虎狼之人，不能轻易让他过来。结果后来的事情被黄权说中了，直到刘璋向刘备投降，黄权才归顺刘备。刘备倒是没记仇，任命黄权为偏将军。

黄权对刘备说："若失汉中，则三巴不振，此为割蜀之股臂也。"黄权的意思是，若是汉中被曹操拿到手，然后巩固起来，那么巴中地区就难有作为了。我们益州就相当于被人砍掉了手臂，以后就会很被动。当时刘备立刻听从了黄权的建议，并且任命黄权为护军，带领一队人马过去接张鲁。

可惜，张鲁的想法和刘备完全并不一样，他是想投降，但投降的对象是曹操。更何况张鲁在出奔巴中之前给曹操留下了一个好印象，不是一个烂摊子。这就决定了黄权的任务是难以完成的。果不其然，黄权还没到，张鲁已经归顺了曹操。黄权很郁闷，就去攻打三巴地区的朴胡等人。结果，黄权大获全胜。

曹操很快接到消息，他相当生气。气愤之下，曹操立刻向张郃发出命令，让他立即带领部队火速拔营，务必在短时间之内控制三巴。一看曹操开始加码了，刘备也不客气，立刻派出了张飞迎战。

于是，三巴地区的战争立马升级了。

曹操虽然相当气愤，但是他依然认为三巴地区是一个是非之地，不久之后就会被刘备抢走，所以气归气，他还是很理智地处理了这件事。曹操给张郃布置的任务也不是长期据守三巴，而是控制三巴以后，尽快把三巴地区的百姓迁走，迁到汉中地区。汉中现在已经是曹操的地盘了，只要把老百姓迁到这儿，基本就是安全的了。曹操是要把三巴地区变成空城、鬼城，即使刘备夺过去，也不会有什么用。

张郃收到主公的命令，立刻带上部队开了过来，进军到宕渠、蒙头、荡石一带，终于在马缘山下和张飞来了个面对面。可是因为张飞和张郃都不愿意主动攻击对方，放弃地势的优势，双方就一直这么僵持着。

双方军资的供应距离差不多，从瓦口关开始算，整个巴西郡大部分都在张郃手里。只不过因为有张飞的牵制，所以张郃想完成曹操的迁民计划难度实在太大。毕竟老百姓不是军队，走起来慢吞吞的，张飞也不可能让他舒服地把百姓带走。张飞这边也很难办，毕竟张郃守在山上赶不动，如果赶不走张郃的话，自己这个蜀中大将就相当于没保住边境，也实在是有亏职守。

双方就这样大眼瞪小眼，五十多天过去了，谁也赢不了谁。张飞觉得这样下去肯定不行，所以他想了一个辙，派了一万多精兵出去找路。而这几天张郃觉得不太对劲儿。就在这时，山脚下的张飞突然来挑战了。

为了一探究竟，张郃指挥军队直扑张飞占据的山口。可是张郃没有算到的是，这一路山道狭窄、崎岖蜿蜒。张郃军队人是不少，但是被迫拖成了一字长蛇阵，歪歪扭扭地向前进军，每排不过数人，前后遥遥数里，首尾难见。当时张郃就觉得不妙了，这种阵势一旦遇袭，岂不是束手挨揍吗？果不其然，突然间有无数蜀兵从两边的山里钻了出来。曹军马上就被分割成无数的零碎小段，只能各自为战。

张郃毕竟是成名的战将，判断战场态势是极为精熟的，一看就明白了，自己的部队已经失控，这个时候只能冷静地思索一下，如何有效脱身。张郃果断弃了战马，和身边十几个亲信迅速突围，沿途收揽败军，逃到南郑去了。

一仗下来，张飞大破张郃，难免得意。于是，他就在石壁上题了一副字。这副字在《方舆纪要》《蜀中名胜记》及《稿本三国志注补》当中都有记载，它的内容是“汉将军飞，率精卒万人，大破贼首张合于八蒙，立马勒铭”。后世就把这副字称为《张飞立马铭》。直到现在，这副字的遗迹还在八蒙山上。

第五章

孙权的小心思

盟友的裂痕

就在曹操下定决心拿下汉中，准备和孙权、刘备清算的时候，孙刘同盟又在分裂的大道上迈进了一大步。早在赤壁之战结束的时候，孙权集团的高管就已经把目光对准益州了，多次劝孙权早日把刘璋搞定，把益州划归到东吴的版图里。东吴这个计划的可操作性是很强的，可是刘备更需要益州。

要知道，赤壁之战刘备帮着孙权打败了曹操，孙权趁机将势力伸到了荆州，而刘备只能以“借”的名义待在荆州，所以刘备一直觉得自己是普天之下最亏的人。就在这时，孙权派人去对刘备说：“刘璋不武，不能自守，若使曹操得蜀，则荆州危矣。今欲先攻取璋，次取张鲁，一统南方，虽有十操，无所忧也。”孙权的意思是，刘璋没有自保的能力，如果被曹操先一步拿到益州，荆州也不会守不住。与其如此，不如先拿下刘璋，再灭掉张鲁，统一南方，到时候就算有十个曹操，咱们也不怕他了。

可是刘备不同意，他回了一封信给孙权：“益州民富地险，刘璋虽弱，足以自守。今暴师于蜀、汉，转运于万里，欲使战克攻取，举不失利，此孙、吴所难也。议者见曹操失利于赤壁，谓其力屈，无复远念。今操三分天下已有其二，将欲饮马于沧海，观兵于吴会，何肯守此坐须老乎！而同盟无故自相攻伐，借枢于操，使敌承其隙，非长计也。且备与璋托为宗室，冀凭英灵以匡汉朝。今璋得罪于左右，备独悚惧，非所敢闻，愿加宽贷。”

在这封信里，刘备从另一个角度分析了益州的情况。刘璋虽然是个废柴，可益州地形险要，完全可以守得住。如果不远万里去进攻，万一失利，就会成为东吴的苦难。不要以为曹操在赤壁失败，就已经没了想法，那可是大错特错。曹操三分天下有其二，普天之下，他的力量最强，而且虎视眈眈，怎么可能错失良机？更何况，刘璋和我一样都是汉室宗亲，肩负着匡扶社稷的大任，我怎么可能同意帮你去打他呢？

孙权一听这话，就知道刘备在耍滑头，明明是自己想独吞这个地方，却不让东吴掺和，想得倒美！于是，孙权派孙瑜带部队进驻夏口，做好入川的准备。刘备一看，坚决不放孙瑜的部队过去，除了当面表示遗憾和最强烈的抗议之外，还有针对性地做了部署，派关羽屯江陵，张飞屯秭归，诸葛亮据南郡，自己守在孱陵（即公安）。孙权也不傻，如果硬要入川的话，退路就会被全面堵死，无奈之下，孙权只能把孙瑜召回了东吴。

几年过去了，刘备顺利拿下益州，做起了实实在在的益州牧。这时，孙权终于忍不住发飙了。卧榻之侧岂容他人鼾睡？刘备已经得了益州，为什么不归还我荆州之地？于是，孙权拜鲁肃为横江将军，以防备驻守江陵的关羽。鲁肃的防区和关羽的防区是接在一块儿的，双方在边界地区多少都有碰撞。给鲁肃授权，就是想让他强硬一点。

鲁肃是孙权阵营里最坚决支持孙刘联盟的人，他历来认为，不到万不得已，绝对不能和刘备撕破脸。可是关羽没有这种大局观，他对东吴人向来很鄙视，天天嚷嚷着要好好收拾一下江东鼠辈。实际上，关羽和张飞为人处事刚好是两个极端。关羽对普通人很客气周到，但对士人很轻慢。张飞正好反过来，对于士人相当崇拜。刘巴来了，张飞还放下身价，厚着脸皮想跑到人家家里住一宿。但是，张飞对自己的下属态度粗暴，动不动就打骂。

不巧的是，鲁肃恰恰是被关羽看不起的那一类人。但鲁肃从大局出发，总是十分温和地做关羽的思想工作，一再强调孙刘两家要团结，不要搞分裂，不要搞阴谋诡计。所以，双方表面上一直很和气。

谈不拢就动手

因为鲁肃对关羽的态度太谦和了，以至于孙权都忍不住写信问鲁肃，这样的方法对付关羽可行吗？鲁肃回复说只要江东帝王之业兴起，自然会把关羽赶走。这话说得对吗？有一定道理。不过问题在于，你不把关羽赶走，江东的帝王之业如何兴起？所以，孙权对鲁肃的回答是相当不满意的。没错，鲁肃是大好人，力求保持和平，属于鸽派。但他处的时代却是鹰派的时代，这是鲁肃的悲剧，也是时代的悲剧。

基于这种情况，孙权决定用自己的方式解决和刘备之间的矛盾。其实，在建安十九年（214）刘备拿下益州以后，孙权就害病了，这种病叫“红眼病”。之前说过，在孙权眼里，益州原本应该姓孙，而不是姓刘。刘备用耍诈的手段轻而易举夺得益州之地，着实可恶。虽然这个时候让精明的刘备把益州让出来是不可能的，但是有个地方还是可以打打主意的，当初刘备不是厚着脸皮向我们借了荆州吗，现在是时候连本带利算账了。

于是，建安二十年（215）五月，正当曹操在汉中和张鲁他们纠缠在一起的时候，孙权派诸葛瑾去成都出了趟差，客气地要求刘备退出荆州，大体意思不外乎表达“当初将军你说没地方安身，我们把荆州借给了你，现在你已得了益州，就该把荆州还给我们了”。诸葛瑾虽然是诸葛亮的哥哥，可是刘备照样不买账：“吾方图凉州，凉州定，乃尽以荆州相与耳。”刘备耍起了花招，推辞说现在正计划攻打凉州，待凉州平定了，就把荆州完完整整地还给你们。

刘备的话说得很客气，但实际上谁都知道，刘备很会编故事。孙权已经上过一回当了，听完诸葛瑾的汇报以后，孙权只用一个字就表达了自己的愤怒——“呸！”刘备对东吴方面的回应，不管是谁都知道，这是实实在在的废话。以前刘备说拿下益州以后就把荆州奉还，现在益州拿下了，又说等拿下凉州以后才能奉还荆州，等拿下凉州以后，又会说拿下北方以后再还了。孙权怎么可能继续被忽悠下去，看来要想刘备自动还账是不可能了，既然这样，就只能自己动手拿回来了。不过，不能学刘备那样无赖，有身份的人都讲究先礼后兵。于是，孙权先派官员去长沙、零陵、桂阳三郡上任，看关羽怎么处理。估计关羽那边不会轻易答应吧？

孙权的预测是对的，关羽带人第一时间把孙权派往三郡的官员统统给赶走了。消息传回来以后，孙权的火就更大了。盛怒之下的孙权马上调出自己这边的鹰派代表人物吕蒙出场，让他带领鲜于丹、徐忠、孙规等大将，率两万大军直取长沙、零陵、桂阳三郡，同时命令鲁肃统兵万人屯驻曾阳，以防关羽的进攻，而自己亲自驻守陆口，居中调度。既然和平手段已起不了作用，那就以牙还牙，用武力来解决问题。这下吕蒙的军队就可以派上用场了。

要说吕蒙在处理刘备的问题上，历来是和当年的周瑜保持高度一致的，早就认定刘备是一个不可长期合作的人。这一次他受命去占领三郡，带了两万兵马。尽管兵力全面占优，但吕蒙还是讲策略的。他明白，现在大家的主要敌人还是曹操，曹操没完蛋之前两家随便翻脸对大局不利，所以长沙、零陵、桂阳三郡是要拿下，但最好不要发生大规模的武装冲突，如果可以和平解决就再理想不过了。

于是，大军还在路上，吕蒙先给那三郡传话，说大军即将开到，请务必不要顽抗到底，必须看清方向，及早投降，死扛到底后果会相当严重。听完这话，长沙、桂阳两郡立刻就降了，只有零陵太守郝普坚决不降。

消息传到了益州，刘备一看孙权来真的了，立马坐不住了，他亲自赶了回来，到荆州的公安坐镇指挥，还派关羽屯兵益阳与吕蒙对峙。这一下，大家算是撕破脸了。

孙权亲自率军驻守陆口。陆口在今天湖北省嘉鱼县，有一种说法是，赤壁之战真正发生的地方就在这里。当然，这是有争议的。大家可以想象，这个地点离刘备有多近，直接怼到家门口了。孙权充分考虑到斗争的复杂性和艰巨性，还专门给吕蒙写了一封信，让他火速向鲁肃这边靠拢，和鲁肃一起与关羽对峙。可是，零陵那边还没有拿下，就让吕蒙赶回来，不就前功尽弃？不过，孙权现在也管不了那么多了。

按说吕蒙得到孙权的来信以后，就应该老老实实地执行主公的命令，急行军回去，完成孙权部署的新任务。可吕蒙偏偏没有这么做，读完孙权的来信以后，悄悄收起来，打算拿下零陵再走。收到孙权来信的当天，到了后半夜，吕蒙下令部队集结，并且进行了战斗部署，给各路人马分配了战斗任务。当然，这个任务不是跑过去和关羽作战，而是天亮时分拿下零陵。到拂晓时分，吕蒙带着部队向零陵发起进攻。

进攻之前，他先找到了郝普的老朋友邓玄之。他对邓玄之说："郝子太闻世间有忠义事，亦欲为之，而不知时也。今左将军在汉中为夏侯渊所围；关羽在南郡，至尊身自临之。彼方首尾倒县，救死不给，岂有余力复营此哉！今吾计力度虑而以攻此，曾不移日而城必破，城破之后，身死，何益于事，而令百岁老母戴白受诛，岂不痛哉！度此家不得外问，谓援可恃，故至于此耳。君可见之，为陈祸福。"吕蒙的意思是，郝太守是一个很优秀的人才，能够死守到现在很不容易。但是，他消息不灵通，根本不知道外面的情况有多糟糕。现在刘备在汉中正被夏侯渊包围得死死的，前景十分不乐观。关羽在南郡，我们家主公也在全力对付他。刘备现在是首尾不能相顾，泥菩萨过河自身难保，哪还有精力来救零陵。如果我全力攻城，他就只剩下身死城破这个下场了。但问题是，如果一旦破城，不小心误伤了郝太守百岁的老母亲，这岂不遗憾可惜？

邓玄之听了，赶紧跑到城里，把这话几乎一字不漏地向郝普复述了一遍。郝普虽然很忠心，但消息不太灵通，看见老朋友带来了最新的情报，真的被唬住了，很快表示愿意投降。就这样，零陵郡在一夜之间落到了吕蒙的手里。

要说这吕蒙为人真不厚道，骗人也就罢了，偏偏还要告诉别人真相。受降仪式结束以后，吕蒙拉着郝普的手走下船，跟他寒暄了几句，然后神秘地对他说，自己有一样东西要给他瞧瞧。没等郝普反应过来，吕蒙已经迫不及待地把孙权的信件拿出来给郝普欣赏。

郝普虽然是战将，但绝对不是文盲，认真读完了孙权的那封信，才知道刘备已经到了公安，而鲁肃拿关羽一点办法都没有，如果自己再坚守一下，恐怕吕蒙就会自动撤军了。如果那时候自己胆子肥一点，趁吕蒙撤退的时候，对着东吴兵的屁股猛踢一脚，指不定还能获得一场大胜呢，那整个荆州的形势就大不一样了。哪知道自己吃了信息不灵通的亏，上了个大当，被人家几句话忽悠了！

郝普深感自己对不起主公刘备，一股内疚之情油然而生。可是，事已至此，也没有什么办法了。随后吕蒙让孙河处理善后事宜，自己率领大军狂奔益阳。

至此，孙刘大军终于云集一处，战争态势已经摆在桌面上了，一场大仗就要爆发。

鲁肃单刀赴会

现在荆州的局势很微妙，曹军守在襄阳，孙权占领了零陵、长沙和桂阳三郡。刘备很生气，准备找孙权算账。如果孙刘两家展开决战，以目前两个人的水平和力量，恐怕最后会拼个鱼死网破。即便有一方取得了胜利，也会付出很大的代价。到那时，最高兴的就会是曹操了。

这一点鲁肃看得很透彻，他一点也不希望出现这样的局面。鲁肃还想挽回一下，于是给关羽写了一封信，做最后的努力。消息传出，东吴那边一边倒地反对。可鲁肃却是神情自若，不慌不忙地说："今日之事，宜相开譬。刘备负国，是非未决，羽亦何敢重欲干命！"这话的意思是，今天的事，我们双方该开诚布公地谈一谈。现在是非未分，名义上我们两家还是友军，没有刘备亲自下令，想那关羽也不至于敢取我的性命。

于是，鲁肃决定不听大家的意见，反而和关羽约定了会面的时间地点。

对于鲁肃的热情相邀，关羽原本是不想去的。原因很简单，你抢走了我家的地盘，现在不是来交还失物的，而是来谈判的，这不是欺负人吗？幸好关羽是有脑子的，转念一想，见面谈一谈也没什么坏处，鲁肃也不能把他怎么样。于是，关羽也答应了。关羽答应了，事情就有希望了。

收到关羽同意见面的消息后，鲁肃大踏步昂首挺胸走出营门，带上部将，来到距离双方营地各有一百步的地方与关羽相会。对方没带士兵，没带重武器，只有将领手上拿着一把单刀。这就是历史上赫赫有名的单刀会。

在《三国演义》里，这场单刀赴会，罗贯中先生把义薄云天、胆气过人的优点都交给关羽了，但实际上，在正史中提出这个要求的，反而是在后人印象当中软弱的老好人鲁肃。到了约定的时间地点，鲁肃和关羽会面了，下令自己手下人都退开，两个人面对面单独会晤。

明明是东吴占了人家的地盘，可鲁肃一张口却是抗议关羽的态度不好，没有归还荆州三郡。关羽一听，立马就生气了："乌林之役，左将军身在行间，戮力破敌，岂得徒劳，无一块土，而足下来欲收地邪！"关羽的意思是在乌林之战时，我家主公身在军中，与你方合力破曹，难道没有功劳吗？难道不该得到一块土地吗？为什么我们出了大力气，你们却来收我们的土地呢？

鲁肃一听，也把腔调提高了："不然。始与豫州觐于长阪，豫州之众不当一校，计穷虑极，志势摧弱，图欲远窜，望不及此。主上矜愍豫州之身无有处所，不爱土地士民之力，使有所庇荫以济其患；而豫州私独饰情，愆德隳好。今已藉手于西州矣，又欲翦并荆州之土，斯盖凡夫所不忍行，而况整领人物之主乎！”面对关羽的质疑，鲁肃并没有慌了手脚，而是有理有据地反驳，当初我与刘豫州（刘备）在长坂见面，他率领的军队还不如我东吴一个校尉率领得多，正是山穷水尽的时候。那时，他还想去苍梧投靠他的老朋友，手里哪有什么地盘？只有我家主公可怜他无处可去，主动帮他渡过难关，这才有今时今日之刘豫州。可现在他却自私自利，虚情假意，背叛恩德，破坏同盟。今日已经占有了益州，又想霸占整个荆州，想来这种事放在一般老百姓身上也是做不出来的，偏偏统管一方的豪杰刘豫州却做出来了！

对于鲁肃的回答，关羽哑口无言。其实仔细想想，荆州问题真是乱得像团麻，根本无所谓谁对谁错。很显然，这次会谈是无法取得任何实质性的成果的。最后，鲁肃和关羽不欢而散了。

孙刘和解

就在这个历史性的时刻，曹操出现了。曹操在建安二十年（215）年初杀向汉中，一路上没有遇到什么像样的抵抗。刘备此时虽然很恼火，想和孙权大战一场，但他知道事情的轻急缓重。如果自己光顾着和孙权闹别扭，曹操拿下汉中之后会迅速向成都挺进，这样自己就会处于两面受敌的境地。于是，刘备赶紧派人向孙权要求和谈。

孙权虽然占了便宜，但并不愿意和刘备彻底闹僵。从孙权的立场来说，现在虽然刘备不老实，但至少没有对东吴形成致命的威胁。如果益州被曹操拿到手了，曹操控制住长江的上游，长江天险就会成为孙曹两家的共有之物，完全失去屏障的作用。换句话说，只有让刘备保住益州，孙权才能保住江东。对孙刘两家来说，曹操始终是最大的威胁。现在这个局面只能是两害相权取其轻，曹操没死之前，孙刘两家只有团结。基于这个原则，东吴方面也迅速派出了特使诸葛瑾。

双方的会谈在诸葛瑾的主持下顺利进行了。双方一致决定重新划分荆州的地盘。以湘水为界，湘水以东的江夏郡、长沙郡、桂阳郡，划入东吴的版图；湘水以西的零陵郡、南郡、武陵郡，归属刘备。于是，一场原本足以改变历史的大战，一转眼工夫就烟消云散了，孙刘两家握手言和。

总之，以后大家又是盟友关系了。从表面上看，刘备以前有四个郡，现在缩水成三个郡，是做了一单亏本的买卖，但实际上并不是这样。曹操已经在西北面虎视眈眈了，如果这里搞不好关系，对刘备来说可能什么都会丢光，所以孙刘联盟绝对不可以破裂。就从这一点来讲，大家都是心知肚明的。

这次会谈实现了双赢，只是有一点，或许刘备暂时没想到，这种划分方式使他失去了湘水以东的沿江土地。这样一来，刘备在荆州的地盘就在东吴面前敞开了大门，完全没有纵深可言，无法设防。现在是盟友没问题，但以后若是双方打起来了，结果是很难讲的。不过，此时的刘备是没心思考虑这个问题的，他必须赶回益州，对付老对手曹操。

等刘备赶回去以后，曹操已经顺利拿下了汉中，益州门户一片洞开，形势对曹操极为有利。这也就是为什么成都有连续几天的慌乱了。别说是一般的百姓了，就连刘备都慌了手脚。可是偏偏就在这个时候，曹操当起了保守派。曹操为什么不乘胜追击，直取成都呢？这里是有原因的。

从战略角度来看，当时曹操面临的是三条战线，即东线合肥、中线荆州、西线汉中。听说刘备和孙权为荆州的事闹翻了，曹操想着如果他们真打起来，自己就可以坐收渔利，趁机攻打益州了。可问题是这两家达成了和解，这样一来，曹操所想象的南方只剩下一个对手的局势就消失了，重新回到了三线作战的局面。如果任何一条战线不稳固，或是说通过军事行动不能迅速解决问题，必将对其他两条战线产生消极的影响。别的不说，益州地盘这么广阔，短时间之内一口吃掉似乎不可能，如果被刘备拖入了战争的泥潭，那么关羽和孙权就可能在中线和东线一起动手。

事实上也是如此。不久之后，孙权就带兵十万大举进攻合肥。曹操虽然实力最强，但也不敢全面开战，因为一旦失败，所有的努力都会泡汤。对于这一点，曹操很明白，赤壁之战以后他就变得十分谨慎，不想再冒险了。

实际上，三足鼎立的形势这时就已经形成了，短期之内没人能够改变。

孙权攻合肥

建安二十年（215）七月，曹操攻取汉中之后便撤了军，踏上了漫漫归途。八月，孙权那边亲率十万大军围攻合肥。当年赤壁之战的时候，孙权才出动了三万人，由此可见这次孙权是信心满满，力图一举拿下合肥。对于孙权来说，只要拿下合肥，就不会被人监视，而且还能以合肥作为基地，向北进发。这样一来，曹操将会丢掉东线的优势。

而对于曹操来说，只要自己不出昏着，孙权和刘备是没多大机会的。曹操比谁都清楚，在这个乱世里能够存活到今天的，都是能抓时机的人。自己发兵汉中时，孙权一定会跳出来捣乱。所以曹操出兵汉中之前，已经让张辽、乐进、李典几员大将守在合肥。现在，张辽等人就面临着孙权十万大军的挑战。

遗憾的是，尽管事先有防范，张辽等人的劣势还是很明显。首先，虽然张、乐、李三人是重量级的选手，但他们手下只有区区的七千多人，却需要面对孙权的十万大军。其次，孙权兵精将勇，像吕蒙、甘宁不但个人实力出众，而且在战场上指挥时也很少犯错误。就算双方力量处在同一个档次，要想打赢他们难度也是相当大的。更何况这次协助他们的有十万大军。

可战场上是没有常理可言的，从来没有一个人敢在开打之前就拍胸脯预测这场战争的每一个细节。这时，曹操留下的一个锦囊左右了合肥之战最后的结局。事情是这样的：曹操出征汉中之前，给合肥的护军薛悌一个锦囊，信封上写得很明确，“贼至，乃发”。意思是说，如果东吴势力来进攻了，你再打开看。现在孙权亲自来了，是时候把这个锦囊打开了。

于是，薛悌跟大家说，要把曹丞相的信打开来给大家看看。当薛悌颤抖着双手把这封信打开的时候，眼睛一下子就直了，信上面只有一行字：“若孙权至者，张、李将军出战，乐将军守，护军勿得与战。”意思是说，如果孙权真的带兵来了，那么张辽、李典两个人出战，乐进守城，而护军薛悌做好监督工作，不得参战。

这算什么妙计？只是普通的人员分工而已。对于领导的指示，大家的反应都是一样的，那就是大眼瞪小眼，个个疑惑不解，反复地看这句话。可是，信里边确实就是这行字，很快有人就在想，曹丞相不可能这么写，肯定还有更为详细的作战计划，只是因为出征汉中比较忙，没把方案写完，或者是一时疏忽了，要不发信再向他请示一下。

这个时候只有张辽的反应最快，他反对这种请示：“公远征在外，比救至，彼破我必矣。是以教指及其未合逆击之，折其盛势，以安众心，然后可守也。”意思是，现在再讨论丞相的主意到底合适不合适，已经没有意义了。丞相远在汉中，我们的信使脚程再快，不吃不喝、马不停蹄，一来一回又需要多少时间呢？恐怕信还没有到汉中，孙权已经进城了。依在下愚见，我看丞相这个指示貌似简单，却是深有含义。丞相的意思是，他远在汉中一时无法救援，要求我们在敌军未站稳脚跟之前，冲出城去，主动出击，狠狠揍他们一下，将他们的锐气打掉，这样就掌握了战场主动权。回头再据城防守，这样一来守城就比较容易了，孙权被咱们猛打一把，肯定就不敢玩命攻城了。

张辽在这边说得滔滔不绝，其他人却依然在发呆。想来也是，张辽嘴皮子一碰，好像事情解决起来很简单，但敌人可有十万人，出城迎敌，有那么容易吗？搞不好冲出去的人脑袋统统都得落地，一下子现场气氛就僵住了。

张辽、李典、乐进都是曹营的重要将领。但是有个问题，那就是这几个人，尤其是张辽和李典，平时关系不怎么好，所以张辽虽然说得热血沸腾，但没人支持他的意见。张辽心中火起，当场就抛下一句很有血性的话：“成败之机，在此一战。诸君若疑，辽将独决之。”张辽是说，这一战关系到咱们的命运，如果大家还怀疑丞相的话，那么我就一个人把丞相的方针贯彻到底。

看着张辽慷慨激昂的样子，李典第一个受不了了。他平时和张辽有个人矛盾，可这个时候，听完张辽慷慨激昂地发言，他顿时被感动了。是啊，和张辽有矛盾是个人问题，现在面对的是国家大事，如果继续扯皮下去，后果必定很严重。《三国志·李典传》当中明确记载说：“典慨然曰：此国家大事，顾君计何如耳，吾可以私憾而忘公义乎！”意思是说，这是国家大事，我不能因为个人恩怨和你过不去，公私分明，我愿意接受你的指挥，一起出战，和你一起杀出去。

既然已经达成共识，事不宜迟，张辽立刻发布了敢死队招募令，很快找够了八百人。看着这八百名精壮的士兵，张辽当场下令杀牛吃肉，让大家饱餐战饭。

天就要亮了，张辽和他的勇士们即将出发。在出发前的准备会上，张辽和勇士们确定了这次奇袭孙权大营的战术，那就是“及其未合逆击之”。要在孙权的军队集合起来之前，主动出击，打他们一个措手不及。而且，这次张辽他们的目标就是孙权所在的大营。张辽是想通过这次突袭，狠狠灭一灭孙权的气焰，打击一下东吴将士们的信心。

一天中的寅时是黎明前最黑暗的时候，这个时候正是人们睡得最香的时候。就在此时，合肥城大门洞开，八百头肌肉发达的“猛虎”悄然而出，而领头的是一只比“老虎”还凶猛的“狮子”，这头“雄狮”手持铁戟冲在最前面。

张辽他们很快就摸到了东吴军营外，解决了那些正在打瞌睡的卫兵。张辽明白，不战而屈人之兵，才是战争的最佳境界。他要的就是敌人自乱阵脚的效果。为了增强震慑力，张辽身先士卒，手执铁戟，冲入吴军之中，所到之处吴军纷纷倒地。一转眼几十具尸体就躺在张辽身边了，其中还包括两员大将。

张辽杀得兴起，一边奋力厮杀，一边狂喊：“雁门张文远在此，挡我者死。”在千军万马、刀光剑影之中，高喊自己的名字，张辽一方面是告诉面前的敌人，我就是张辽，你有什么不服冲我来；另一方面，也是告诉身边生死相依的八百壮士，我张辽还活着，只要我还活着，就会和你们一起血战到底。

八百壮士在张辽的带领下，在吴军中杀开一条血路，径直向着孙权的中军大营冲了过去。这已经不是张辽第一次这么做了。当初曹操征乌桓的时候，正是张辽主动请命，率领骑兵冲入敌阵，在万军之中砍下了单于蹋顿的脑袋。现在，他只不过把这事儿又做了一遍。如此壮举，回头看看三国战争史，能做到的又有几人?

面对这种不要命的打法，东吴的部队一点思想准备都没有，眼瞅着这一群疯子杀到主公孙权的帅旗下了。于是，孙权的性命变得岌岌可危起来。

张辽八百破十万

张辽率领八百壮士于凌晨时分杀向孙权的大营，这一点是孙权万万没有想到的，以至于过去了好久，东吴军营半点反应都没有，眼睁睁地看着张辽一干人等在大营里乱砍乱杀，一直冲到了孙权所在的大营前。

孙权本来就迷迷糊糊的，看到张辽他们如此凶狠，一下子就被吓到了，只想着赶紧逃跑，忘记了自己所拥有的兵力优势。孙权的贴身卫士们簇拥着孙权来到一个小山丘上，待孙权狼狈不堪地爬上去以后，那些士兵用长戟组成了一道人墙，把孙权保护了起来。没想到张辽一点也不怕，而是在山丘下叫起阵来。

曹操说过“生子当如孙仲谋”，能被曹操认可的孙权自然没有那么不堪，他只是在半梦半醒之间被吓到了。一旦冷静下来，这个人还是很有头脑的。孙权发现战场上大部分人穿的都是东吴的军服，跟随张辽、穿着曹家军服的人不过区区几百人而已。当下孙权传令下去，将这伙人死死地围住了，一个都不能放走。收到命令的吴军将士这下终于反应过来了，于是也不客气，呼啦一下子从四面八方涌了出来，把土丘底下围得密不透风。

孙权的想法不错，他觉得自己这边人多，现在又把张辽他们围了个严实，看他们还怎么耍威风。只不过孙权小看了张辽，也高估了自己。张辽这一次出战，目的并不是把孙权赶跑，而是狠杀一把孙权的锐气。张辽看到吴兵已经缓过气来，正涌上来，知道再恋战下去就必死无疑了，于是他迅速调整目标，准备突围回城。

只见张辽挥动长戟，又一次掀起了雁门雄风，潮水一般涌来的吴军，被他吓得又像潮水一般地退去了。很快，密不透风的包围圈就被张辽撕开了一个口子。就在这时，张辽听到身后有嘶吼的声音，仔细一听，都是北方口音。原来冲出去的只有几十人，其余的猛士们还在包围圈里。毕竟东吴的士兵太多了，几百个人想一起撤退太难了。那些还在包围圈的将士一看张辽已经走远，心里顿时崩溃了。于是，他们一边砍杀，一边悲愤地大叫：“将军弃我乎？”意思是，张将军，你是不管我们的生死了吗？

张辽一听，二话不说转身就杀了回去。那几十位和他一起冲出来的猛士也听到了同伴们绝望地呼喊，都随着张辽一起，披着残缺的铠甲，舞动着手中已经砍卷了刃的长刀，又冲回了敌阵。狭路相逢勇者胜，战场上讲究的就是一股气，有气在胸自然气势如虹、势不可挡。这一仗一直从早上打到了中午，尽管并不轻松，但最后张辽和勇士们还是冲出了重围。

当张辽带着勇士们凯旋的时候，合肥城里的守军们欢呼雀跃，士气大振，士兵们无比崇拜地看着自己的战神，跟着这样的将军守城，还有什么可怕的呢？

遍观三国历史，将星璀璨，能为自己的士兵不顾生死的却没有几个。在张辽之前，只有在江陵之战被称为“天人将军”的曹仁有这股勇气了。

合肥城内，士兵们一边整修工事，一边自豪而又激动地谈论他们的战神。合肥城内战神镇守众志成城，而城外东吴士兵无比窝囊，垂头丧气。在张辽高喊自己的名字在东吴军营当中纵横驰骋、如入无人之境的时候，在张辽呵斥孙权下来决一死战，孙权吓得动都不敢动浑身打哆嗦的时候，东吴就已经患上了“恐辽症”。

等东吴大军终于来齐了，孙权又可以壮起胆了，他铁青着脸指挥大军攻城。可打仗讲究的是“一鼓作气，再而衰，三而竭”。现在东吴的士兵战意全无，一门心思想的就是什么时候能回家。与此相反的是，合肥守军虽然人数不多，但个个斗志昂扬。再加上城中防守严密，不付出惨重代价，是很难前进一步的。

十多天过去了，东吴的将领们咬紧牙关督战，可是却一点进展都没有，合肥城依然安如泰山。不过，对于这种情况，孙权还是很乐观的，打不进去那又怎么样？我就这么合围下去，这座城始终是孤城。想那曹操还远在关中，等收到消息，再派大军马不停蹄地前来支援，那个时候合肥城里的人早就饿死了。

显然，城里的张辽他们也是知道这一点的。再这样下去，这七千多人都得饿死在城里。就在此时，一场突如其来的瘟疫打乱了双方的部署。

这次瘟疫到底有多恐怖呢？其实出乎所有人的意料，这次瘟疫的问题并不大，《三国志·甘宁传》记载了这次瘟疫的情况。建安二十年（215），甘宁跟着孙权攻打合肥，军中发生了瘟疫，不得已只能撤退了。但实际上，从史料记载的口气来看，这一次瘟疫并不严重。如果严重的话，至少得说这次瘟疫造成了多少伤亡，在《三国志·张辽传》和《三国志·吴主传》当中也会有记载，可是这一次瘟疫只在《三国志·甘宁传》里以“会瘟疫”三个字就一笔带过了。再加上后来甘宁和凌统还能继续和曹军血战，如此说来，这瘟疫也只是退兵的一个借口而已。

事实上，当时每个东吴将士都明白，这是要把战败的责任推到瘟疫身上，而实际上责任就是孙权的。正是因为他被张辽杀得措手不及，才造成了东吴将士士气低落。《三国演义》里出于写作的需要，说是因为张辽偷袭，才造成了孙权的撤退。而在正史当中其实是因为孙权撤退，才给了张辽再次偷袭的机会。因为以目前的这个状态去打仗，估计拿下合肥只能是奢望了，所以孙权下令全面撤军。

逍遥津大战

合肥之战最终以孙权的撤退而告终。张辽这边经过上一次大战以后，虽然只是坚守在城里，但也一直密切留意着孙权的动静。这一天张辽登上城墙，看见孙权大军已经很整齐地后退，开到逍遥津北岸了，再往前走就要渡江。张辽判断机会来了。没过多久，紧紧闭着的城门再次打开了，张辽亲自率军追击孙权。

东吴部队打死也想不到，张辽的胆子居然这么大，在这种时候还会杀出来。落在逍遥津北岸的孙权很快收到线报，说是张辽带着军队追出来了。按说上一次已经吃过亏了，这回孙权应该撒腿就跑才对，只要跑得足够快，渡河到对岸去也就没什么事了。可是偏偏孙权死要面子，他不仅不想逃跑，而且派人叫前面的部队停下来，打算在这里打一个翻身仗。没想到，打了败仗的吴军部队跑得比兔子还快，孙权派出去的使者只好无功而返。消息传来，孙权又害怕起来，开始后悔刚才没有赶紧撤退了。孙权身边的亲卫团听到这个消息后，个个也是胆战心惊。

打仗讲究的就是精、气、神。张辽冲上来，气势如虹，而东吴方面被逼得手忙脚乱，斗志全无。虽说吕蒙、甘宁他们带着手下的部属拼死抵挡，但却依然挡不住张辽手下几千人马的强力冲击。很快，张辽的部队居然把孙权围起来了。而孙权方面的几员大将，有的受伤，有的战死。史料记载，这一场混战当中，陈武被杀，宋谦、徐盛败退，只剩吕蒙、蒋钦、凌统、甘宁、潘璋等几员猛将留在孙权身边，拼死抵抗。

《三国演义》第六十八回说，曹操从汉中领兵四十万增援合肥，庞德与陈武大战，最后把陈武赶到山林里。陈武无路可走，转身再战的时候，却被树枝勾住了袍袖，功夫使不出来，为庞德所杀。后来收拾战场的时候，吴军在遍地尸首当中找到了陈武的遗体，孙权令人把他和董袭合葬了。但实际上，参加逍遥津大战的魏将只有三个，张辽、李典和乐进，庞德在汉中刚刚投降曹操，根本就没过来。陈武就是当初羞辱凌统的那位，也正是出于这个原因，他和凌统打了一架，差一点儿被凌统杀了。

陈武是孙权的禁卫军首领，连他都战死了，这个损失不可谓不大。这边甘宁一面血战，一面大声责骂自己身边的鼓号手为何不大声吹号。其实不是号手不肯吹，而是他看到身边的战友一点斗志都没有，谁还愿意听自己的号角，所以也就不用心了。可现在看到猛将甘宁一边拼命射箭，掩护主公撤退，一边回头瞪红了双眼来骂自己，这个鼓号手也害怕了，担心自己没被曹军杀死，先被甘宁就地正法了。一瞬间，这鼓号手又开始卖命了。

听到振奋人心的号声，有一个人开始发飙了，这个人正是凌统。他和自己的亲卫团三百多人勇敢地迎了上去，打算与曹军决一死战。凌统这个时候完全发了狂，在包围圈里和曹军咬牙死磕，这份勇猛把占据优势的曹军镇住了，手脚顿时就慢了下来。凌统率领着三百人的卫队杀出重围，保护孙权冲到了逍遥津渡口。

可是跑到渡口的时候，人还没站定，孙权身边忽然有人失声大叫起来，主公，主公，桥断了！孙权一听，倒吸一口冷气，原来这渡口上的那座小石桥已经塌陷了一丈多长，不知道是张辽的部队提前破坏了，还是前面逃跑的东吴部队走得太急给压塌了。不管怎样，现在是无路可退了，孙权当时眼前一阵发黑。一路血战护送主公突围的凌统看到此情此景，也是虚汗直冒，完全没了主意。

正在生死攸关的瞬间，一个叫谷利的亲信跑过来，给孙权出了个主意，让孙权策马向后放松缰绳，紧抱马鞍。孙权已经六神无主，听到身边有人教，下意识地就去做了。这时候谷利已经在缺口旁边等着了，当这匹马跑到缺口的时候，他一伸手挥起马鞭，对着孙权这匹马的屁股狠狠地来了一鞭。马吃疼不住，当时就一跃而起，跨了过去。

就这么一瞬间，孙权逃得一命。贺齐已经带领三千人马在南岸接应，孙权总算是脱离险境了。留在北岸的凌统看到主公已经脱险，大喜过望，一抹脸上的汗水，一转身又杀回敌阵。

张辽止啼

在逍遥津渡口，孙权纵马一跃终于逃得一命。可是他逃了，其他留在逍遥津北岸的士兵就没那么好的运气了。陈武已经战死，连以勇气闻名的徐盛、宋谦也在慌乱当中受了伤。

《三国演义》第六十七回逍遥津大战的确是以正史为基础的，只不过偏偏就是这个宋谦比较倒霉。因为他在第五十三回的时候被李典一箭射穿，已经提前死掉了。在正史当中，徐盛还有宋谦确实是逃跑将军，而且也受了伤。就在他们逃跑的时候，旁边出现了一个人，这个人就是《三国演义》里说他生擒黄祖部将苏飞的潘璋。潘璋很鄙视这种逃跑行为，打仗讲得就是勇气，你们还是当将军的，却带头逃跑。情急之下，潘璋噌地一下拔出刀来，连续砍死了逃跑的两名士兵。两位将军被震住了，他们明白了，自己即便不被潘璋杀死，也会在战后被孙权正法。无奈之下，他们只能抹掉额头上的冷汗，擦去身上的鲜血，又回到自己的战位上面，拼死力战。

拼死力战的人当中也包括凌统的亲卫团。可惜，凌统亲手带出来的三百亲卫统统战死了，他本人也身负重伤，最后被迫离开战场。这时的小石桥已经有缺口了，其他通道也被张辽的兵封锁了，凌统只能扔掉残缺的战刀，披着破烂不堪的战甲，一路前行，避开所有锋芒之后，来到一处水浅的地方，趁着天黑，泅水渡回南岸。孙权看到凌统后也是激动万分，没有凌统拼死奋战，自己有没有机会策马跃过小石桥，都还是个未知数。

孙权满脸感激，立刻命人给凌统更衣换药。而这个时候凌统才跪倒在地，放声大哭。因为他带出去的亲族士兵，没有一个人能活着回来。这些人都是他的叔伯兄弟。当初为了征黄祖，凌统失去了父亲；今日为了护孙权，他又失去了亲人。他的哭声让所有人都沉默了，而沉默当中，张辽就成了东吴永远挥之不去的噩梦。

当孙权回到南岸的时候，张辽还在那儿瞪着血红的双眼厮杀，可是打着打着，就发现身边的敌人越来越少了。到最后，战场就这么平静下去了，那孙权人呢?

张辽并不认识孙权，只是刚才看见东吴将士拼死掩护一个紫色胡须的将领。那个人马骑得好，箭也射得不错，想起来应该是个重要人物。于是，张辽叫来一个降兵，问他那位紫色胡须的将军是谁，那降兵也不敢说谎，赶紧磕头说那人正是孙会稽[①]。张辽一听，刚才跑掉的人居然是孙权。当时他就和乐进面面相觑。刚才他们都看到孙权了，可惜没有追上去，放跑了一条大鱼。

逍遥津一战，孙权确实是输得太窝囊了，让东吴所有人都郁闷至极。几乎所有重量级的选手都参与了，又有十万大军，而合肥城里守军这么少，而且肯定没有外援。结果自己这边不但没有对合肥城造成一点破坏，反而被张辽折腾得儿狼狈不堪，以至于主公孙权两次遭受了致命的威胁。所以，这场逍遥津之战虽然不如赤壁之战那么关键，但是以少胜多的战况并不比赤壁大战逊色多少。

在这里，要特别强调一句，张辽能取得如此的佳绩，除了他本人的

---

① 孙权任会稽太守，所以人们称他为孙会稽。

确是战神之外，他手下的部队也不可小觑。张辽是没有资格带虎豹骑的，虎豹骑都是曹家的亲族在率领。第一次夜袭，张辽带的是步卒八百。第二次的冲击部队里确实存在一些骑兵，数量虽然不多，但是战斗力都非常强。因为他们是赫赫有名的乌桓铁骑。

说来也很纠结，当初打乌桓人的时候，破乌桓铁骑的正是张辽，张辽身先士卒冲过去了，曹操才命令虎豹骑跟上的。到了后来，曹操部队里收录了不少乌桓人，现在这支乌桓骑兵就跟了张辽。这些乌桓兵个人战斗能力是相当强的，统帅得好就是尖兵，统帅得不好就是一盘散沙。而这一次张辽突袭孙权拼的就是勇气，发挥的就是单兵作战的能力，这实在是太对乌桓人的胃口了。碰到这种人孙权的倒霉可想而知，而且心里的窝囊也是猜得到的。不仅是他，所有手下的大将心里都发堵。

战后孙权请手下生还的大将们到船上喝酒压惊，席间气氛压抑沉闷。一开始大家都没怎么说话，到了后来贺齐控制不住了，在酒席之间不顾颜面放声大哭，一边哭一边大声批评孙权："至尊人主，常当持重，今日之事，几致祸败。群下震怖，若无天地，愿以此为终身之诫！"这话意思很简单，那就是主公您做事太不小心谨慎了，今天差点儿被人搞定，这个教训太深刻了，主公您以后不能再这样任性了。

贺齐这话虽然不好听，却句句都是实话。如果不是孙权指挥失当，吴军怎么会如此惨败给张辽呢？所以，孙权一定要为合肥之战的失利负主要责任。贺齐敢于当面指出孙权的问题，是因为他本身就特别敢对孙权说实话，而且孙权也非常敬重他。此外，贺齐作战也十分英勇，之前曾帮助孙权扫平了山越人。

听完贺齐地哭诉后，孙权也明白这次自己确实表现得太差了，对不起众将，也对不起东吴百姓。于是，孙权起身向贺齐道歉，替他擦了擦眼泪，表示以后坚决不会忘记这个教训，要把这次战败牢牢地记在心底。

由孙权的这番话就可以看出，张辽给他们带来的心理压力有多大。史料记载：“张辽为孙权所围，辽溃围出，复入，权众破走，由是威震江东。儿啼不肯止者，其父母以辽恐之。”“江东小儿啼，恐之曰：‘辽来，辽来！’无不止矣。”就是说，逍遥津大战以后，张辽在江东很有威名。如果有小孩儿在夜里哭哭闹闹，父母只要喊张辽来了，小孩儿就会被吓住，不敢哭了。这就是后人所说的“张辽止啼”。

合肥之战获胜的消息传到曹操那里后，曹操特别高兴，立刻下令提升张辽为征东将军。由此，张辽成为和夏侯渊、曹仁比肩的“四征将军”之一。

第六章

曹操的继承人

曹操晋升魏王

建安二十一年（216）二月，曹操从汉中撤回到邺城。五月，曹操晋封为魏王。在成功占领了汉中，并守住合肥之后，曹操的实力又得到了增强。现在，已经没有人的实力能比得过曹操了。所以，等回到邺城之后，曹操当上魏王也就是顺理成章、众望所归的事情了。

忙完晋封魏王的仪式后，曹操把注意力放在了用和平方式处理周边问题上。这里主要指的是处理少数民族的工作。当时北方游牧民族很多，如鲜卑、乌桓、南匈奴都是主要大族。此外，还有凉州一带的羌人，益州和凉州之间的狄人等。这些力量都不可小觑。

东汉时，少数民族部落当中最让人头疼的就是匈奴人了。此时，他们已经分成南北两部，南匈奴人久居内地，但不纳贡赋。曹操担心其不好控制，就把南匈奴单于呼厨泉软禁在邺城，另外又派了比较听话的右贤王去卑入驻平阳（今山西省临汾市西南），专门负责管理南匈奴部落。

除了更换首领之外，曹操还把南匈奴分为左、右、前、后、中五部，并把五部人众分别移民到并州各郡，然后每一部都重新设置一个领袖，同时任命汉族官员为司马监督他们。这样一来，就算他们真想闹事也无力回天了。对鲜卑族，曹操的政策也差不多，就是把他们全部迁到内地方便管理。

不过，这种安抚政策仅适用于和曹操没有产生过直接冲突的南匈奴和鲜卑族。而其他几个少数民族，比如乌桓、羌人、狄人等却享受不到。因为他们有个共同的特点，就是和曹操的敌人关系都不错，都喜欢和曹操对着干。比如，乌桓就是曹操的敌人袁氏家族的铁哥儿们，羌人、狄人与西凉的马超又走得很近。对于这些敌人的朋友，曹操自然不会客气，采取了“一手大棒，一手胡萝卜”的政策。具体做法是先打服他们，再给点甜头，把他们吸引到内地来，分而治之。最后，狄族和羌族部落被迁到了关中一带。

至于最凶悍的乌桓人，早在十年前，曹操就已经动手了。建安十二年（207）八月，曹操带领大军越过白狼山，亲征柳城，取得了辉煌战果，大破三郡乌桓，阵斩单于蹋顿，同时把先前被乌桓抢去的十万户汉族人及其他十万户乌桓人统统迁入关内，编为骑民，统一管理。从此，他们不再享受袁绍时期特殊的优惠政策了。他们和汉族人一样，不但要给国家交税纳粮，还得服兵役。考虑到他们长期游牧，马上功夫了得，曹操特意挑选其中精干的力量编成了骑兵，跟随自己东征西讨。张辽在逍遥津两次把孙权打得狼狈不堪，其中就有乌桓人的身影。曹操征讨关中马超，也有乌桓铁骑的功劳。所以，称三郡乌桓骑兵为天下名骑，此言不虚。

不过，这些部众有时并不安于现状。建安二十一年（216），被安置在代郡的乌桓人就闹事了。当时乌桓三个部落的首领，都自称单于，还逐步控制了地方政府，就连负责管理监督他们的太守也只能靠边站。代郡在今太行山以东，这里离曹操集团的核心地带太近了，在这儿闹事，情况是相当紧急的。曹操不能不改变自己的怀柔政策，于是他派出丞相仓曹属裴潜出马解决这件事。

这里要稍微解释一下。当时的“曹”是丞相府下设的办事机构，拿现在来说就相当于某某局了。这里面的员工是由丞相府自己选定的，不是由朝廷任命的。曹这种机构的当家领导人，当时被称为掾，拿现在来说就相当于局长。而副职叫属，拿现在来说就相当于副局长，比如东曹的正职就叫东曹掾，副职就叫东曹属。从这个角度讲，裴潜是仓曹属，也就是相当于副局长的职务。

考虑到乌桓部落人多势众，民风强悍，作战勇敢，所以曹操专门给裴潜调拨了一支精兵。没想到裴潜摆摆手表示不需要这么多部队，他胸有成竹地说：“单于自知放横日久，今多将兵往，必惧而拒境，少将则不见惮，宜以计谋图之。”这话的意思是，乌桓部落对朝廷一举一动都相当敏感。如果我带去的是军队，他们就会认为朝廷把自己视为敌人，那样的话难免有一场血战。相反，如果是我一个人去，他们反而没有防备，我就可以对症下药了。曹操一听也有道理，就同意了。

按说裴潜单人匹马前去代郡，应该是凶多吉少的。实际上，他来到代郡以后，很快和当地人打成一片，尤其是和那几个厚着脸皮自称是单于的大人相处得很好。在裴潜的怀柔政策之下，这些人纷纷表示，过去是自己犯糊涂了，今后一定要用实际行动来回报朝廷的信任。

这听上去像是神话，可它却真实发生了！这真不是裴潜的好运气，而是因为他是处理关系的绝顶高手。三年以后，裴潜被上调到朝廷。结果他一走，代郡大乱，因为乌桓人只认裴潜，他走了，自然要乱。后来，曹操派鄢陵侯曹彰为骁骑将军，平定了叛乱。这是后话了。

曹操累了

建安二十二年（217）正月，曹操进军到居巢，接着又进驻居巢东面的郝溪，准备对濡须口展开攻击。这是曹操第二次来到这里了，距离上一次已经足足过去了五年。听说曹操要来了，孙权也带上兵马来到濡须口，并且以吕蒙为都督，在城头上设置强弩上万张，以铺天盖地的利箭，恭迎曹操到来。

同年二月，曹操部署对孙权的军事行动，但是进展并不大。曹操这才知道，现在这个状态要痛打孙权还是比较难的。看到自己的进攻没有什么效果，他的冲动立刻降温了，这跟在汉中时没有继续进攻刘备时的情况几乎是一样的。况且原本他连张鲁都不想打，都已经宣布撤军了，要不是那些迷路的士兵误打误撞跑到山上去端了人家老窝，硬是让张鲁的弟弟张卫的部队意外崩盘，可能现在张鲁还稳稳地在汉中当教主呢。

为什么曹操会有这样的表现呢？首先，曹操年纪大了，打了这么多年的仗，身体早就挺不住了，心理状态也大不如前，不像之前那样坚毅果决。其次，曹操现在关注的热点未必是抢地盘了，因为他知道自己身子已经撑不了多长时间，所以他现在最关心的是魏国的发展。刘备、孙权固然可恨，但曹操知道现在还不可能一下子消灭他们，毕竟吃过这两个家伙联手对抗自己的亏。要是再弄一个大败而归，自己的人气会立马下跌。

别看现在自己是丞相，又是魏王，看谁不顺眼就可以杀谁，权力已经达到巅峰了。但曹操明白反对党肯定是有的，只是因为自己力量太过强悍，谁都不愿意出来送死而已。他们一个个的都想等自己死掉，和自己的后代作对。所以曹操目前的主要精力都集中在内部，特别是放在培养下一代人的问题上，他要把更多的权力下放到儿子们身上。

由此，我们不难理解曹操出来打张鲁、打孙权的行为，他这样做其实只是想试探一下这些外部势力现在发展成怎么样了，同时也想通过打胜仗来提高人气，让大家觉得他依然威猛。但是打仗的时候曹操都很谨慎，一看不能完全有把握取胜，就坚决叫停了，而且都是在没有露出败象的情况下叫停的。他在濡须口和孙权打了一仗，就明白这仗再怎么打，自己赢的可能性也不大了。他觉得以目前的情况，不太适宜长期停留在南方打一场持久战。

不仅是曹操，这些年来，双方不断打来打去的，孙权也累了。虽说孙权正当壮年，但也经不起这么折腾。如果一时大意，让之前的逍遥津大战重演，那就更不划算了。这样一来，孙权对抗的心态也疲软了。于是孙权任命督尉徐详作为特命全权大使，到曹营那里请降。

曹操当然明白，孙权说要投降，根本就是假话。要是真想投降，孙权就会亲自过来，同意自己来改编他的队伍，并接收东吴的户口和财政。现在孙权只派了一个叫徐详的人过来代表说要投降，这种投降有什么含金量？

曹操没有说破，他一脸高兴地顺水推舟，派使者回访孙权，表示要继续和孙家保持长期传统的友好关系，并提出了联姻的要求。

就这样，发生于建安二十二年（217）的合肥之战只持续了短短一个月，最终以双方讲和结束。三月，曹操率兵北还，回家处理家务事也就是继承人的事去了。

曹操的家事

曹操在建安二十二年（217）三月撤军了，他以前是异常好勇斗狠的，但是在赤壁之战以后留下心理阴影，就开始转风格了。具体来说是欺软怕硬，对弱的像是张鲁、马超他们毫不留情；对强的像是孙权、刘备这样的硬骨头，他的做法就是啃两下，啃不动就算了。虽然他撤军了，但他依然留下了夏侯惇带着曹仁、张辽等一共二十六支军队在居巢守着，从这个部署来看，他仍然把孙权当成头号敌人，手底下能打的名将基本上都留在东吴前线了。

建安二十二年（217）四月，曹操回到邺城以后，汉献帝刘协下诏，宣布曹操即日起可以用皇帝专用的旌旗，出入的规格标准和帝王一样。也就是说，现在的曹操与汉献帝之间，除了一个帝王尊号之外，基本就没什么区别了。

曹操在规格上不断向皇帝靠拢的同时，也不得不考虑另外一个很重要的问题，那就是选择继承人。曹操这辈子碰到地让他头疼的事非常多，但上了年纪以后，他才发现最让他头疼的反而是自己的家事。曹操作为东汉帝国事实上的一把手，他家的事就是国家的事，谁能成为曹操指定的继承人，谁在未来就有机会取代汉献帝成为皇帝。

曹操一生至少有十五个老婆，二十五个儿子。曹操的儿子众多，竞争相当激烈。当然，最终能继承他事业的只有一人。根据游戏规则，有些人是没有资格参与这场竞争的，所以那些一出生就丧失了参赛资格的儿子们，虽然心中不忿，但是也没有特别用力出来搅这个局，蹚这趟浑水。这里只有两个人争得你死我活，就是曹丕和他的弟弟曹植。事实上，曹丕和曹植的有你无我，原因完全在曹操身上。

曹操并非晚婚一族，他不到二十岁就娶了正妻丁夫人。丁夫人虽然姓丁，可惜膝下人丁却一点不旺，嫁给曹操多年，一个儿子都没生出来，曹操出于传宗接代的需要纳丁夫人的丫鬟刘氏为妾，刘氏就成了刘夫人。刘夫人虽然地位不高，出身不好，但是功劳不小，一口气为曹操生下了曹昂、曹铄两个儿子。其中，曹昂还是曹操的长子。刘夫人本来应该母凭子贵，可惜生下两个孩子以后没多久，她就去世了。

刘夫人怎么死的？陈寿没有给出答案。有人认为刘夫人是在生曹铄时难产死的。也有人认为刘夫人的死很可能是丁夫人在搞小动作，她虽然号称第一夫人，但是没儿子，所以为了保住自己在曹家的位置，她只能把刘夫人杀死。刘夫人死后，曹操果然安排丁夫人收养曹昂。不过，这并没有史料佐证。只有一点可以确定，丁夫人真的把曹昂当成了自己的亲生儿子，而且确实把他培养得非常优秀。

曹操是个不满足的人，有了丁夫人，有了儿子，他很快又纳了一个妾，这就是卞夫人。卞夫人原先是个歌舞伎，生于倡家。在汉代，这类人的家庭的地位不高，所以卞夫人刚进曹家的时候没几个人看得起她。可是偏偏卞夫人的肚子很争气，生育能力超强，一口气生了曹丕、曹彰、曹植、曹熊四个儿子。这当中除了曹熊很早夭折外，剩下的曹丕、曹彰、曹植个个都是人才。不过，曹丕兄弟出生较晚，再加上曹铄夭折，曹操在很长一段时间内只有曹昂一个儿子。这在当时是风险非常大的事情。眼瞅着自己的事业越来越强，后代却非常单薄，为了填补这个薄弱环节，曹操甚至把侄子曹安民天天带在身边。曹操的目的很明确，如果再不生个儿子出来，那么曹安民就会成为曹昂的“亲兄弟”。

曹昂是个很优秀的人，人品很好，又体格强悍，肌肉发达，打仗的时候冲锋陷阵半点问题都没有，是典型的文武全才，所以曹操打仗的时候常常把他带在身边，一来是培养儿子的能力，二来也是天天看着心里欢喜。如果征张绣的时候，曹操不是色令智昏，曹昂也肯定不会为了救曹操英勇献身，继承人就不是问题了。而且，被曹操寄予厚望的侄子曹安民也死于同一场战役。

曹昂一死，悲伤的不只是曹操。丁夫人更是彻底崩溃，她原本一门心思指望靠这个儿子来保全自己的下半辈子，现在，这个希望彻底成为泡影了。再回头看看卞夫人，总共四个儿子，水平都不低，能力都很出色，当曹家的接班人绝对没问题，这已经不是“双保险”，而是“四保险”了。这么一想，丁夫人就受不了了，天天哭骂曹操。曹操一来是不好意思，二来也是烦不胜烦，就把丁夫人送回了娘家。没多久曹操后悔了，又想把丁夫人接回来，可丁夫人已经下定决心，死都不跟他回去，二人算是彻底分了手。

其实，曹操对丁夫人还是有感情的。后来他在去世之前还一直念叨着：“我要是到了地下，子修问我他妈的事，我该怎么回答呀？”这里说的子修，就是曹昂。曹昂之死不仅改变了丁夫人的命运，也改变了曹丕和曹植的命运。

一号种子曹冲

在曹操的意识里，虽然他认为汉朝已经腐朽得不堪重任，迟早要被取代，但即便如此，曹操还是不愿意背上这个骂名，他到死都必须是汉臣。不过，这不等于他的儿子不去当这个皇帝，曹操一定要让他的继承人成为皇帝，这一点也很明确。

所以，在选继承人的时候，立长立嫡的惯例就可以忽略一下了。反正曹操这么做也不是第一次了，比如选拔人才，他就是唯才是举，其他一些东西可以放在一边不考虑。既然对人才都可以这样，对自己儿子们的选材当然也可以。曹操要选出的是一个人品和水平都很高的继承人。那么，谁是曹家事业最合适的继承人呢?

丁夫人和曹操离异后，卞夫人成了曹操的继室。这样一来，她的儿子曹丕、曹彰、曹植都成了太子之位的有力竞争者。之所以没有在竞争者前面加个最字，是因为有一个人比他们更有优势。这位在继承人选拔的跑道上异军突起、后来居上的人便是曹冲。

曹冲，字仓舒，是曹操的小儿子，他的母亲是环夫人。环夫人在史书上没有留下更多的记载，但是她却为曹操生有曹冲、曹据、曹宇三个儿子。从这一点可以看出，曹操对环夫人还是相当喜欢的。既然曹操对环夫人恩爱有加，那么作为儿子的曹冲自然也获得了老爸的更多关注。

曹冲是个神童，少年时就十分聪慧。有一次，孙权给曹操送来一头大象，曹操很高兴地接受了这个礼物。看到世间居然有如此庞然大物，他就想知道这头大象到底有多重。于是，曹操把自己的部下都叫过来，结果大家大眼瞪小眼，谁都没个好主意。就在这个尴尬的时候，曹冲来了，说自己有一个好方法:“置象大船之上，而刻其水痕所至，称物以载之，则校可知矣。”具体做法是，把大象牵到一艘大船上，待船下沉了一些，在水面所达到的地方做上痕迹。再把大象牵下来，把其他物品装上船，直到吃水达到痕迹处，然后再称一称这些东西的重量，相比之下不就可以知道这头大象有多重了。曹操一听十分高兴，马上就按曹冲的方法去做了，果然成功称出了大象的重量。

还有一次，有人给曹操送来一只山鸡。这山鸡对自己的羽毛和外形特别看重。如果偶然在水里看到自己的影子，山鸡就会翩翩起舞。曹操看着这只山鸡，觉得很有趣，想叫山鸡跳个舞来看看，可是山鸡对曹操没什么兴趣。曹冲看到了，就让下人拿来一面大铜镜，直接杵在山鸡面前。山鸡一看镜子里面有情况，便开始跳起舞来，而且还不知停止，结果被活活累死了。到了后来，人们就说这只鸡是在顾影自怜。

还有一次，曹操的马鞍在仓库里被老鼠咬坏了，这可把当时守卫仓库的官吏们吓坏了。按照曹操的火爆脾气，这种事情肯定是要被杀头的。虽然曹操现在不知道，可是哪一天他突然要出征，提出来用马鞍，不就会当场穿帮了吗？这些官吏思来想去，还是决定负荆请罪，争取主动。可是也有人提出反对意见，不投案是得死，可投案同样也得死。既然横竖都是死罪，主动去岂不是自投罗网？这么一说，大家就纠结了。

就在这时，聪明的曹冲登场了。他收到消息以后，没有跑去跟曹操说这件事。相反，他先安抚了这些官吏："待三日中，然后自归。"曹冲这是在劝官吏们不要着急，先等几天再说。曹冲知道，事情一穿帮，这些人都会没命。他认真思考了一番之后，还真想到了一招。

曹冲故意把自己的衣服弄破，看起来像是被老鼠咬破似的，然后愁眉苦脸地去见曹操。曹操一看自己的心肝宝贝不高兴，就问他原因。曹冲答道："世俗以为鼠啮衣者，其主不吉。今单衣见啮，是以忧戚。"意思是，大家都说衣服被老鼠咬破很不吉利，可现在您看我的衣服也被老鼠咬了，所以我对此很担心。曹操听完就笑了，安慰曹冲说："此妄言耳，无所苦也。”曹操让曹冲放心，这都是人们胡说乱讲的，并不能当真。

不久之后，马鞍被老鼠咬坏的事传到了曹操的耳朵里。因为自己儿子衣服的事刚过去没多久，曹操表现得很大度：“儿衣在侧，尚啮，况鞍县柱乎？”曹操这次并没有发火，而是说老鼠猖獗，连我儿子曹冲放在身边的衣服都被咬了，何况是挂在柱子上的马鞍呢！曹冲用自己的聪明才智，不动声色地挽救了这些人的生命。

这么聪明乖巧、有同情心的优秀小孩，在建安十三年（208）就因病去世了，年仅十三岁。曹操对爱子的夭折悲痛难抑，要知道他以前曾多次在群臣面前暗示曹冲就是他的继承人，现在他要白发人送黑发人了。看着老爸那么伤心，曹丕就跑过去安慰老爸，没想到曹操竟然涕泪横流地直接怼了回去：“此我之不幸，而汝曹之幸也。”意思是，这对我来说是一件不幸的事情，但对于你们来说，可能是一件大好事。说完这话，曹操继续痛哭流涕去了。另外，曹操怕曹冲在阴间孤独，还特意为曹冲定下了一门阴婚。

根据史料记载，当时有个叫周不疑的小孩也是个天才，非常聪明，经常陪伴曹冲。曹冲意外夭折后，曹操就想杀掉周不疑以绝后患。曹丕不以为然，还跑去求情，说周不疑是曹冲的好朋友，您不能随便杀人。没想到曹操一点面子都不给曹丕：“此人非汝所能驾御也。”意思是，如果是曹冲也就算了，周不疑这种人不是你能驾驭的。最后，曹操还是派人去把周不疑刺杀了。

由此可以推测，曹操当时极有可能是想让周不疑作为曹冲的辅佐的。曹冲死了，曹操就觉得这个人不能留了，一是知道得太多，二是太聪明了。不把周不疑杀了，他就会为自己的其他儿子所利用，到时候天平就会倾向于某一方，这对自己立继承人是没什么好处的。

对于曹冲的聪慧，《魏略》当中也有一段相关的记载可以辅证。曹丕曾说："家兄孝廉，自其分也。若使仓舒在，我亦无天下。"意思是，要是我弟弟曹冲还在，我很难说自己是否可以支配天下。由此可见，曹丕自己都觉得曹冲比他优秀。

从这些举动和故事来看，如果曹冲不死，到曹操去世的建安二十五年（220），曹冲刚二十多岁，正是意气风发的年龄。不管在曹冲手里有没有一个新的朝代出现，但可以肯定的是，这个时代一定会比曹操的时代还要精彩。可惜，这一切的希望都在建安十三年（208）烟消云散了。

黄须儿曹彰

曹操的儿子虽然很多，但符合条件的没几个，优秀的又过早去世了，现在剩下的种子选手，真正符合条件的只有三个，那就是曹丕、曹彰和曹植。他们都是卞夫人所生。下面，我们就从曹彰开始介绍。

曹彰，字子文，是曹操和卞氏所生的第二个儿子，曹丕的弟弟，曹植的哥哥，昵称黄须儿。相对于其他两位，曹彰最大的特点就是武略突出，箭术精湛，胆略过人。据说他敢徒手和野兽搏斗，还不落下风。一般来说，优点特别突出的人，缺点也是掩盖不住的。曹彰就是一个典型的例子，他的武略、胆略样样超过常人，但是不爱学文化课，这就要了命了。未来的国家领导人怎么能没文化？就因为这事儿，曹操经常对他说："汝不念读书慕圣道，而好乘汗马击剑，此一夫之用，何足贵也！"意思是，你不好好读书，只知道打打杀杀，这样有什么价值？

曹操的意思很明显，他想逼着曹彰多读书，可惜曹彰反而变成了一个“读书无用论”的忠实粉丝，他对那些深奥的国学经典丝毫不感兴趣。相反，曹彰却身体力行地实践着另一个伟大的理论。曹彰曾对手下人说：“丈夫一为卫、霍，将十万骑驰沙漠，驱戎狄，立功建号耳，何能作博士邪？”意思是，大丈夫就应该学习卫青、霍去病，带上千军万马为国建功立业，读书有什么用呢？

有一回，曹操问几个儿子将来想做什么。曹彰非常诚实憨厚地回答：“好为将。”就是说喜欢当将军。曹操多问了一句：“为将奈何？”曹彰回答得有条有理：“被坚执锐，临难不顾，为士卒先；赏必行，罚必信。”曹操听了哈哈大笑，这家伙还真是一块当武将的料。既然如此，就让黄须儿发挥特长吧。

到了建安二十三年（218）四月，代郡乌桓人造反。曹操之前曾让裴潜去安抚乌桓人，可裴潜一走，这些乌桓人就不干了。这个时候，曹彰就被拜为北中郎将、代理骁骑将军，带兵前去平叛。考虑到曹彰是第一次带兵，曹操怕他马虎大意，还特地语重心长地吩咐他：“居家为父子，受事为君臣，动以王法从事，尔其戒之！”意思是，咱们在家是父子关系，带兵出门那就是君臣关系，任你是谁，王法都是无情的。我儿一定要谨记！曹彰点点头称是，带上兵马就走了。

曹彰的先头部队还没进入代郡，就碰到数千反叛的乌桓人列队前来迎接。当然，这些乌桓人是用刀和枪来问候曹彰的。当时曹彰手下只有步兵一千人，骑兵几百人，很明显是处于劣势的。这个阵仗曹彰之前没见过，虽然他心里不虚，但是应对不当，后果同样很严重。万一不小心折了这一阵，那是要挫全军的锐气的，回家之后也没法向自己的老爸交代。那么，这一仗曹彰到底能否打赢呢？

虽然局势紧急，但是曹彰大可不必担忧，因为曹操临行之前给他配了一个智囊，这就是田豫。当年曹操征讨乌桓人的时候，正是田豫担任了向导的工作。看到这种情况，田豫建议曹彰先退兵，在险要之地稳固防守，看清楚形势再说。曹彰照办了，果不其然，那帮乌桓人也不是什么有谋略的人，看见捞不到什么油水，就直接撤退了。

这下曹彰精神大振，二话不说带上兵马就追了上去。一来他本身非常勇武，二来也是想通过这一仗挣个表现，所以在追击战中曹彰表现十分突出，倒在他箭下的乌桓人是一个接一个，就像射靶子似的，一口气就把这批乌桓人撵出代郡二百多里远。一口气追得这么痛快，曹彰手下的将士就开始想了，跑了这么远，敌人也溜得差不多了，何况魏王也规定不能越界，差不多就该回去了。

可是乌桓人还没被干掉几个，正在兴头上的曹彰才不管什么规定，说道："率师而行，唯利所在，何节度乎？胡走未远，追之必破。从令纵敌，非良将也。"之后，便命令手下将士统统上马，畏缩不前，故意落后者，斩。于是上下同心，其利断金，这一仗战果非常辉煌。史料记载："斩首、获生以千数。"

此战的战果固然很辉煌，但更辉煌的是它所带来的影响。另外一支有叛乱意向的少数民族部落鲜卑，其首领轲比能看见曹彰实在生猛，竟然主动请降了。这可是政治层面的影响，要知道所有的军事行动都是为政治服务的，现在乌桓被平定，鲜卑又投降了，整个北方都已经安稳下来了，曹彰功莫大焉。

这边刚刚立完战功，曹彰立马又接到另外一个命令，让他赶到汉中助战。当时曹操在汉中和刘备的军事集团面对面了，可刘备实在太不厚道了，命令自己的干儿子刘封下山应对，气得曹操在山底下开口就骂："卖履舍儿，长使假子拒汝公乎！待呼我黄须来，令击之。"曹操看到刘备竟然敢派自己的义子来领兵对抗他，就决定让黄须儿来收拾刘备！

曹操说话算话，一纸命令立刻发给了曹彰。听到老爸的召唤，曹彰日夜兼行，可是等他赶到长安的时候，曹操已经改变主意不打成都，撤兵回来了。于是，父子俩就在长安城里相见了，曹彰很谦虚地把征讨乌桓的战功记在众将士的头上。

立了如此大功，还如此低调，大家都在心里默默为曹彰点赞，曹操更是乐不可支，他伸手捋着曹彰的黄色胡子说："黄须儿竟大奇也！"没想到我的黄须儿竟然如此英勇。据史书记载，曹彰的胡须是黄色的，所以曹操对曹彰的昵称就是黄须儿。看到自己的宝贝儿子已经能独当一面了，曹操很欣慰。所以他回邺城的时候，专门把曹彰留下来，以越骑将军的名义驻守长安。

一句话，曹彰打仗是真有两下子，完全符合他对自己的预期，但也仅限于打仗了。他属于四肢发达、头脑简单的那一种，做将军可以，玩政治就太危险了，而且他又不爱读书，文化水平低。所以，曹操很早就不再把曹彰列为考察对象了。

不靠谱的曹植团队

曹彰退出后，太子的竞争当中只剩两位种子选手了，未来的储君将在他们当中产生。当然，这两位都才华横溢，所以竞争也变得空前白热化了。这当中曹操最早看好的是曹植，他一度是曹操最喜欢的候选人，没有之一。如果不是其他人为因素干扰，曹植有好几次都能直接成为太子。

曹植，字子建，是建安文学的代表人物，生于初平三年（192），比曹冲大四岁。他从小就博览群书，十来岁的时候就已经读了诗、文、辞、赋数十万言。最妙的是，他还能活学活用，以至于达到了“出言为论，落笔成文”的地步。家里出了这么一个神童，曹操当然是又惊又喜，还怀疑曹植是不是请枪手代笔了。当时曹植跪着回答道：“言出为论，下笔成章，顾当面试，奈何请人？”意思是，我落笔成文，怎么会找人帮忙呢？不信，您可以来个现场考试。

听到儿子说这样的话，曹操能不高兴吗？至于现场表现的机会当然是会有的，建安十五年（210），铜雀台建成。喜欢文雅的曹操特意邀请了一大批文人雅士登台为赋，其中曹植的表现最为光彩夺目。他提起笔来略加思索，一挥而就，写成了文采艳丽的《登台赋》。可以这么说，曹植这位太子候选人最大的优势就在于文采，在当时是无人能及的。只要是曹操举办的征文活动，曹植基本都会参加，而且只要有他，别人就只能拿二等奖了。

曹操本身就是个文人、诗人，对这一方面当然特别看重，所以对曹植特别喜爱，早就有把曹植当成自己接班人的想法了。至于曹丕，虽然也算文采出众，但比起曹植来还是差了一截。

曹操虽然觉得曹植很好，但又不能完全放心让他当继承人。毕竟他的同胞哥哥曹丕在曹昂死后已成为事实上的长子。在培养儿子方面，曹操从来都是不遗余力的。既然放不下曹丕，曹操就时常把曹丕带到军中去锻炼。

当时曹丕的年纪不过十五六岁，在进攻邺城的时候，曹操下令任何人不准进入袁宅，进去了就得死。可偏偏曹丕根本不听这些，硬是快手快脚地跑到袁家内宅去了。对曹丕敢于和自己顶撞的行为，曹操很是欣赏。既然如此，干脆直截了当地任命他为自己的接班人不就完了吗？如果这时决定了，估计以后也没那么多麻烦事了。

只可惜曹操在其他方面很果断，偏偏在这个方面很不果断。他一犹豫，很多人就开始替他着想了。那些聪明人按照他们各自的观点和立场研究分析之后，有的人转到了曹植的队伍，有的人去当了曹丕的死党。

当时站在曹植一方的，主要有丁仪兄弟和杨修，站在曹丕一方的主要有崔琰、毛玠、贾诩、陈群、司马懿、吴质等。从队伍的组成来看，曹丕一方的智囊团占优，圈子里个个都是有身份、有地位，而且还特别聪明的人。比如崔琰、毛玠，都是大家。贾诩号称三国第一毒士，他出的主意几乎没有落过空。陈群以前搞垮过吕布，后来又是九品中正制的创始人。至于司马懿，自然不用多说了。

虽然曹丕那边的力量看起来很强，但在继承人争斗初期，曹植团队反而更亮眼一些，这和曹操喜爱文学还有不小的关系。看到曹植手下的这批人都是作家，而曹丕手下那帮人都是政客，本身作为政治家的曹操，在心里就对那些阴险的政客很排斥了，他明白，没有哪个政客的手上是干净的，也没有哪个政客的手上是没沾着鲜血的。而且，这些政客里还有不少身怀野心的人存在。所以，他曾经很明确地对曹丕说：“司马懿非人臣也，必预汝家事。”曹操的意思是，司马懿这种人绝不是心甘情愿屈居人下的，未来有一天肯定要干预国是。这也可以说明，曹操那双眼睛一直是对这些政客保持高度警惕的。

于是，在曹操这种心态下，丁仪、杨修就钻了个空子，凭借他们的聪明，还有文学细胞，成了曹操的亲信，比曹丕的谋臣在继承人斗争初期更能在曹操面前说上话。丁仪、杨修觉得自己已经是曹丞相最亲密的战友了，但还不够，自己更应当成为曹家下一代当权者的亲密战友。再加上丁仪和曹丕还有着个人恩怨。所以，他们把全部精力都投入到曹氏兄弟的夺储之争中。

其实一开始，这三个人和曹植走到一起并非是因为政治，而是因为文学，这是他们的共同爱好。后来，曹植成了太子候选人，三人也主动地卷入到了危险的政治游戏当中，并且为曹植尽心尽力出谋划策。在这当中，来头最大的是杨修。

杨修，字德祖，弘农华阴人。他的家世极其显赫，比于四世三公的袁家还要牛气，杨修的高祖父、曾祖父、祖父，到杨修的父亲杨彪，整整四代人都做过太尉。太尉是三公之首，相当于国家总理。四代人都当过国家总理级别的人物，如果是在和平年代，杨修就是含着金钥匙出生的贵族公子，前途不可限量。只可惜他运气不太好，偏偏遇上了动乱年代。

建安元年（196），杨修已经二十一岁，这时候他未来要辅佐的曹植才四五岁。在这个年纪，杨修被举为孝廉，之后成为郎中，后来被曹操相中，改任丞相主簿。杨修才华出众，深得领导信任，前途一片大好。

根据史书记载："自魏太子以下，并争与交好。"曹植曾几次给杨修写信，态度相当诚恳。杨修也很敬佩曹植的才华。于是，两个人从文学再到政治，交往日益密切。不仅是曹植很欣赏杨修，就连那个敢光着屁股去打鼓的狂士祢衡也说过，这辈子他就服两人，那就是孔融跟杨修。这么孤芳自赏的人都能佩服杨修，可见杨修在当时人们心中的地位之高。事实上，杨修不仅名气大，而且智商也高。

有一次，曹操去视察新建的丞相府，看完以后什么话也没说，只是在门上写了个“活”字，大家不明白曹操写这字是什么意思，于是就把杨修请来问问。杨修心里多通透，来了以后稍微一想，就下令把这门拆了重建。大家都愣了，这是丞相府的门，哪能说拆就拆。杨修解释道：“这是个‘活’字对吧？门里边加个活是‘阔’，何为阔？就是宽。这是丞相嫌这门太宽。你们还愣着干什么？赶紧动手。”后来曹操又来了，他本来是拿这事儿逗乐，看看手下人到底能不能猜出自己的心思，过来一看，真的按自己的意思改了。曹操为此十分满意，结果一问，大家都说是杨修给出的主意。

还有一次，有人给曹操进献了一盒酥，曹操吃了以后就在盒子上面写了一个“合”字，写完了就交给旁人去传阅。大家一看都傻了，不知道该怎么办。传到杨修那儿，杨修拿过来就吃。旁边人都吓傻了，杨修却说：“你们看这盒上写的是合字，合不正是一人一口吗，快吃吧。”这事儿后来又传到曹操耳朵里了。

智商是好东西，但是在政治游戏里，有智商不等于有脑子。比如杨修故意卖弄智商，就不是好事。在政治上需要的是大智慧，杨修没有。更可怕的是，他走到了另外一个极端，那就是揣摩人心。本来这没什么问题，但是如果你揣摩领导的心理，那就有问题了。这也为杨修后来被杀埋下了伏笔。

杨修是丞相府的主簿（秘书），工作很繁忙，可是他偏偏不大安心于本职工作，经常脱岗。老板要找他怎么办呢？于是，这个家伙就开始揣摩曹操的意图。比如，曹操可能会问到什么问题，问的问题可能集中在什么方面。杨修想明白，想透彻，然后把答案写清楚，交给手下人，吩咐他们如果丞相派人来问，把这个交上去。这种事情一次两次可以，但是长期偷工减料就要出大问题。没几次曹操就觉得不对劲儿，怎么答案出得这么快？不行，得派人实地去查看一下。一看就真相大白了，杨修根本没在岗。从此，曹操就开始不信任杨修了。

而且，这一招杨修不仅在丞相府当差的时候经常用，而且在曹植那里也如法炮制。想到曹操肯定要不定期地考察曹植，杨修觉得不能不靠一个字来取胜了，那就是猜。于是，杨修天天把自己闷在家里，事先积累了大量的资料，把曹操可能提出的问题统统罗列出来，并写好对应的答案，反复修改之后交给曹植，让曹植没事多看看，到曹操考察时就不用担心了。

曹植听了杨修的建议，时不时地就看看这些问题和答案。等去见曹操的时候，曹操果然会问一些杨修之前猜到的问题，曹植回答得非常圆满，而曹丕因为没有事先准备，所以表现得不好，就像一个后进生。所以，曹操在那段时间觉得曹植确实很有水平。

本来，杨修的这些点子确实可以帮曹植巩固自己在曹操心中的位置。可是，如果这种聪明过了头，产生的副作用也很大。有很多次都是曹操的问题刚问出来，在下面跪着的曹植不假思索地就把答案脱口而出了，反应简直比电脑还快，这就有点假了。如果是一次、两次，还可以算你聪明，但次次都是这样，就明显是作弊了。而且，曹操问的都是军国大事，即使是天才，在没有阅历的情况下也很难不假思索地说出来。

于是，曹操渐渐起了疑心，便暗自派人去调查一下。本来杨修守口如瓶的话，这事儿曹操估计也不好查出来。哪知道杨修这家伙脑袋很聪明，点子的含金量很高，但是，他为人很自傲，喜欢向别人夸耀自己。给曹植出了点子以后，生怕别人不知道是他杨修出的主意，总是有意无意地说出去。杨修既然敢说出来，别人自然也就乐于帮他宣传。传着传着，就传到调查这件事的人耳朵里了。曹操这才知道，原来曹植那些聪明的回答都是杨修原创的，不是曹植的临场发挥。曹操对此自然很生气，对杨修的印象又下降了几分。这就是聪明反被聪明误了。

另外还有一件事情，也让曹操相当不爽。据史书上记载，有一次，曹操为了考验曹植和曹丕的能力，派他们二人分别从两个城门出去替他办事。事先，曹操已经吩咐守城的门卫一定要把城门守好了，除非得到他本人的命令，不然任何人都不能放出去。

曹丕兄弟两个接到命令后，便各自来到一个城门前，要求出去。听到曹丕要求放行的命令后，守城的门卫当时就回道："丞相有令，今天此门不开，若您真要打开，一切后果自负。"这个门卫的运气比较好，碰到的是曹丕，他一听是老爸的命令，就听话地低头走开了。

而曹植那边的情况就不同了。在曹植出发之前，杨修跑过来对他说："公子，若等会儿门卫不让你出去，你可以直接砍掉他的脑袋，之后放心出去就行了，保证没问题。"曹植听后，说道："这样随便杀人不太好吧。"杨修回答道："您是在大王那儿接受了任务出门的，相当于代表了大王，所以不用担心，只管照我说的做就成。"于是，曹植半信半疑地按杨修的话去做了。

听完手下对曹丕兄弟二人表现的汇报，曹操很高兴，对曹植刮目相看，觉得曹植果然是办大事的人，水平很高。但是后来，杨修又守不住秘密了。从不同的渠道汇报信息上来说，其实曹植的这个行为是杨修教的，曹操听完就生气了。曹操的本意是考察曹植和曹丕的能力，而不是他们手下的谋士，你杨修算是什么东西，这么积极地掺和进来，是不是想干涉我的家事？或者等曹植即位后，进一步干涉国是呢？

除了杨修之外，在曹植的阵营里起重要作用的还有丁仪兄弟。丁氏兄弟的父亲叫丁冲，说起来还是曹操的老朋友。虽然丁仪名声在外，但曹操是没见过丁仪的。得知丁仪才华出众，人品也不错，曹操就有意招丁仪为乘龙快婿。

哪知道这事儿被曹丕反对了。因为曹丕见过丁仪，觉得他有一只眼睛是有毛病的，不配当自己的妹夫，于是就跑到老爸身边说："女人观貌，而正礼目不便，诚恐爱女未必悦也。以为不如与伏波子楙。"他的意思是，女人都比较看重外貌，丁仪有只眼睛有问题，有碍观瞻，清河公主是不会喜欢的。以儿臣愚见，不如将她许配给伏波将军夏侯惇之子夏侯楙吧。

看见儿子极力反对，曹操就放弃了招丁仪为婿的想法，清河公主和丁仪的婚事就彻底泡汤了。想想看，如果能当上曹操的女婿，丁仪会得到什么样的助力？可偏偏就是因为曹丕的反对，丁仪没能进去曹家的门。

事实上，后来曹操也后悔了。清河公主出嫁后不久，曹操把丁仪征为西曹掾，终于见到了传说当中的才子。一见面，曹操就开始后悔："这丁仪竟是如此优秀，即便是双目失明又怎样呢？何况又没这么严重，完全可以把女儿嫁过去。唉！都怪曹丕这小子误导我了。"曹操的原话是："丁掾，好士也，即使其两目盲，尚当与女，何况但眇？是吾儿误我。"

当然，曹操这里感叹一句也就完了，可丁仪那边算是埋下仇恨的种子了。为了报复曹丕，他拉上自己的弟弟丁廙，积极加入曹植的阵营，不仅经常在曹操面前夸奖曹植，还多次在曹操面前底诋毁、陷害曹丕，全身心地投入到夺嫡之争中。对于丁仪兄弟说曹丕坏话的行为，曹操听多了，就开始厌烦了。曹操觉得既然丁仪兄弟如此做人做事，那么他们推出来的曹植肯定也是如此，便对曹植的印象大打折扣，这可真是搬起石头砸自己的脚。

藏龙卧虎的曹丕团队

曹植的优点很突出，但事实证明他的缺点同样突出。他只是一个具有浪漫主义色彩的文人，治理国家带兵打仗绝对不是请客吃饭，现实很残酷，光写点抒情文章是远远不够的。曹植可以算是一个单项冠军，但他的对手却是一个全能型选手。最后的角逐当中，只有面面俱到取得综合高分的人才能冲过终点线。曹植的这个对手就是他的亲哥哥曹丕了。

曹丕，字子恒，是曹操与卞夫人所生的长子。作为复合型人才，曹丕的优势很多。

优势之一，曹昂死后，曹丕已经成为事实上的长子，这一点让他在传统道义上站得很稳。

优势之二，曹丕的文学成就涉及诗歌创作、体裁开创、文学理论等多个方面。曹丕是建安时期著名的诗人，后人把曹操、曹丕、曹植并称为“三曹”。现今存世最早的一首文人七言诗《燕歌行》正是曹丕的作品，这篇作品奠定了中国诗歌七言格律的基础。曹丕业余时间还创作了《典论论文》，这部著作被后世公认为是中国文学批评的经典之作。

优势之三，曹丕是个全面发展的人，除了文采出众，还骑术精湛，剑术高超。因此，曹丕身边除了文人之外，还聚集了大批军人。

优势之四，曹丕是人际交往的高手。无论是陈群、司马懿等谋臣，还是曹休、曹真等武将，都喜欢和曹丕交往。这也使得曹丕的人缘特别好，愿意为他说话的人很多。

虽然在后世的传统认知当中，曹丕冷酷狡诈，曹植更加率真，很多人替曹植鸣不平，觉得太子的位子原本应该是曹植的，但实际上这是一个认知误区。

要知道，曹操选的是国家的接班人，并非是选道德模范，更不是文学状元。未来的帝王就是未来的政治家，不狡猾一点，不冷酷一些，如何能统率群臣、治理偌大的地盘呢？就连曹操也曾经在《求贤令》里说，自己要的政治人才必须可以治军治国，至于这人本身道德水准好坏，其实并没有太大关系。所以，综合来看，曹丕更适合做太子。

如前所述，事实上，曹操对曹丕同样也寄予了厚望，很早就让曹丕单独历练了。比如建安十六年（211），曹操就已经逼迫汉献帝将曹丕任命为五官中郎将了。这时的曹丕年仅二十五岁，这个职位对于刚刚走上社会的小青年来说，已经很厉害了。不过，这还不是全部。史料记载："世子丕为五官中郎将，置官属为丞相副"。曹操当时已经是东汉朝廷说一不二的人物，曹丕是副丞相，就是说，曹丕相当于已经挤入了东汉朝廷的核心领导层。

综上，我们不难看出，不管是曹丕还是曹植，两个人身上都有亮点，老爸曹操也都给了他们历练的机会。那么，到底是什么力量决定了这场夺嫡之争的胜败呢？在其中起关键作用的是他们手下的人才。这一场曹家的夺嫡之战貌似是兄弟两人之争，实际上却是一群政客以曹氏兄弟为挡箭牌进行的一场政争大戏。

在这场戏中，曹氏兄弟很少冲到前台，直接撕破脸皮，大打出手，但手下那帮智囊团就完全不一样了，只要一有机会就大力影响曹操。如果是别人出现这个问题，请曹操去解决，那真是小菜一碟。轮到自己身上，可就是另外一回事了。曹操一时觉得曹植很好，回头想想曹丕也不错，于是长期拿不定主意，任由这兄弟俩你来我往。对此，他本人既不鼓励，也不制止。估计曹操一开始的时候，对兄弟之争只是抱着搁置争议、共同开发的态度，让他们放开手脚，好好竞争一下，等时间长了，自然会有好办法来解决。可是时间一久，解决方法还没有，曹丕和曹植手下的两帮人已经斗得你死我活了。

曹植之所以能拔得头筹，除了文学优点很突出，很得曹操喜欢之外，其手下那“三驾马车”——年富力强的高参杨修、丁仪、丁廙是立下了汗马功劳的。而在后人的眼中，曹丕身边好像就没什么人，几乎可以算是死定了。事实上，曹丕绝对不是一个人在战斗，他有自己的竞选团队，他身边有被称为“曹丕四友”的四个牛人，即陈群、司马懿、吴质和朱铄。另外，他和“三国第一毒士”贾诩的关系很铁，与荀攸、辛毗的关系也相当不错。这些人的素质比杨修他们高多了。当然，这里指的不是文学素质，而是政治素质。

司马懿和陈群都是曹操命令他们去和曹丕共事的，本意就让要曹丕向他们学习。所有人都知道曹丕和他们的关系好，如果他们在曹丕与曹植你死我活的斗争当中，只是在一边不干涉，曹丕又怎么和他们成为最亲密的朋友？所以，曹丕的行动肯定得到过陈群和司马懿的教导。而且，从后来曹丕即位后的一系列行动来看，他不是一个度量很大的人，可是在与曹植的竞争当中，曹丕却表现得十分有修养，把冷酷的一面隐藏得十分到位。在别人那儿藏着难度也许不大，可是在曹操面前玩这个把戏，而且还能让曹操信以为真，那是需要水平的。曹丕做到了，就这一点而言，完全可以从中看到司马懿的影子，可以说，曹丕肯定得到了司马懿这方面的真传。

另外，曹丕也很能团结人，像贾诩那样的毒士，本来属于无关人士，最后却站在曹丕这一边，多次为他在曹操面前说好话，这就是最好的例证了。当然也不能否认，贾诩本来就是个老滑头，一看风声不对，直接倒向胜算大的那个团队，也是他一贯以来的作风。

可以说，曹丕笼络人心的工作，后来做得越来越上手了。曹操身边的人，以及不是曹操身边的人，都在为他讲好话，都说他才是曹丞相最好的接班人。当然，这些和陈群也是有密不可分的关系的。

只是陈群、司马懿这些政治老鸟实在太滑头了，属于玩家里面的骨灰级人物，帮着曹丕的忙，外人却一点痕迹都没看出来，都以为他们只是普通的工作上的关系。

这些玩政治的大家都躲在幕后的话，曹丕团队里是谁站在台前帮助曹丕呢？这时，站出来帮助曹丕的正是吴质。吴质，字季重，兖州人，建安时期的著名诗人。正如曹植和杨修的关系一样，曹丕最早和吴质是文友，其次才是哥儿们，最后才是政治盟友。吴质出身虽然低微，但是头脑灵活，堪称杨修的克星。

吴质与杨修的斗智有两个经典案例，分别是装人和装哭。先来看装人。由于曹操屡屡流露出要立曹植为太子的意思，曹丕惶恐不安，就把吴质叫到府里来研究对策，又怕给别人发现了影响不好，就让吴质坐在车子的竹篓里进府。后来，杨修发现了这件事，赶紧跑到曹操那儿打小报告。曹丕听说了很着急，问吴质怎么办。吴质说：“何患？明日复以簏受绢车内以惑之，脩必复重白，重白必推，而无验，则彼受罪矣。”他的意思是，明天您照样用车把竹篓运进府里，不过我休息一天不来就是了。杨修这厮一定会跑去告状。大王要是派人来检查，发现竹篓里没人，就会怪罪杨修了。

果不其然，自作聪明的杨修跑去告状，曹操看他言之凿凿的样子，还真派人下来查看了，一查，竹篓里装的不是人，只是破布。所以曹操就认为杨修故意诬陷曹丕。结果杨修不但没有赚到便宜，反而让曹植丢了分。

看完装人，再来看装哭。有一回曹操出征，曹丕、曹植兄弟俩去送别。曹植写了一篇送行文章，对曹操一通歌功颂德，文章很有文采。曹操看了很高兴。看到弟弟大出风头，抢得头彩，曹丕在旁边又急又气。这个时候吴质凑到曹丕身边，小声让曹丕赶紧哭，以情动人。曹丕也没时间考虑太多，当场就哭得一塌糊涂。结果，曹操和群臣都认为曹植虽然文章写得出色，但不及曹丕心诚。于是，曹丕不仅没有露出狼狈相，反而获得了加分。

第七章

继承人争夺战尘埃落定

“秘密”的民意调查

曹丕、曹植兄弟两个为了争继承人的位置，暗地里争得你死我活。作为老爸的曹操尽管看出了一些小动作，但并没有出声制止，依然在等待时机。直到某天，曹操发现自己的年纪已经到了红线，不能再这么等下去了。曹操脑子很灵光，想到了一个好办法，那就是搞民意调查。他制作了一份问卷调查表，征求众人对曹丕和曹植的看法。当然，这一切是暗中进行的，那么结果怎么样呢？

这份调查问卷表一发放，大家纷纷交上了自己的答卷。其中，尚书崔琰不但交了卷，还直接跑去见曹操，抛出传统的理论，做曹操的思想工作。他对曹操说：“春秋之义，立子以长，加五官将仁孝聪明，宜承正统，琰以死守之。”崔琰的意思是，按照《春秋》大义，只有长子才能当接班人。现在五官中郎将（曹丕）又聪明，又孝顺，完全可以胜任接班人这个位子。对于这一点，我崔琰以性命担保。

崔琰说这话的口气硬得要命，如果荀彧在世，说出这样的话一点也不让人奇怪，因为他对这些传统是相当坚持的。可是，这话从崔琰嘴里说出来就有些变味了。要知道，曹植可是崔琰的侄女婿，按常理，崔琰应该牢牢地站在曹植这边才对。然而，崔琰支持的却是曹丕。

看见崔琰已经交卷，毛玠也拿着卷子过来了。他倒没直接说什么，而是举了袁绍的例子："近者袁绍以嫡庶不分，覆宗灭国。废立大事，非所宜闻。"他的意思是，当年袁绍正是因为废长立幼的问题才败亡的，这事儿处理不好，就会有亡国的危险。紧接着，东曹掾邢颙也来了："以庶代宗，先世之戒也，愿殿下深察之。"意思是，废长立幼是前代最忌讳的事，望您三思。曹操一看，为曹丕说好话的人占了大多数，心里很烦。

曹操为什么烦呢？因为在这个阶段，曹操最喜欢的是曹植，而曹丕有广泛的民意基础，才能又比较全面，这才让他犹豫不决，心中烦躁。这时候他最需要的是一个中立的意见，而中立派当中最有分量的自然就是贾诩了。

很快贾诩就来了。曹操把手下人都打发出去，然后问他谁合适成为自己的继承人。贾诩狡猾得很，听完曹操的问话以后，嘴巴紧闭，什么也不说。曹操觉得很奇怪："与卿言，而不答，何也？"贾诩开始故意卖起了关子："属适有所思，故不即对尔。"意思是，属下刚才在想一个问题，所以没及时回您。曹操很好奇，追问了一句："何思？"贾诩眼睛看着远方，不紧不慢地把底牌亮了出来："思袁本初、刘景升父子也。"这话是说，我在想袁绍父子和刘表父子的事。

曹操一听，这才明白了贾诩的意思。贾诩这是含蓄地表达了自己的观点，这观点很好理解，袁绍不让长子袁谭继位，结果搞得兄弟相残；刘表不让长子刘琦继位，结果荆州彻底完蛋。他们都是前车之鉴啊！原来，贾诩也是支持曹丕的。既然贾诩已经表明了观点，那么曹操的想法是什么呢？他依然没有明确表达自己的观点。

小人丁仪

民意调查结束以后，消息传出去了。很快，曹丕和曹植都收到了消息。曹丕方面欣喜若狂，而曹植方面则郁闷得不行。曹植的智囊团感觉事情不妙，如果再不出手，恐怕永远就要处在下风了。怎么办才好呢？这时，丁仪突然发现了一件事，那就是崔琰身为临淄侯（曹植）夫人的叔父，居然跑到大王那儿为五官中郎将（曹丕）说话，顿时气不打一处来。崔琰，你这个叛徒，我丁仪一定不让你好过！于是，丁仪开始挖空心思找崔琰的麻烦。很快，这个机会就被丁仪找到了。

崔琰担任的是中尉，很受曹操器重。当时朝廷规定，俸禄在二千石的官员负有举荐人才的责任。中尉是俸禄中二千石的官员，所以崔琰也推荐了一个叫杨训的人。正是这个杨训，为崔琰带来了灾祸。

杨训到底有什么才干，史书上没有明确的记载，曹操一看有崔琰的背书，想也没想就录用了他。后来曹操受封为王的时候，杨训为曹操写了一篇歌功颂德的文章。文章一经发表，曹操还没评价，其他人就纷纷表示杨训这个家伙，除了阿谀奉承、世俗虚伪之外，就没别的水平了。后来，这些名士觉得既然杨训水平这么差，提拔他的人要负连带责任的。要知道当时如果你举荐的人出了问题，你的名声也会受损。结果那些名士一抡板砖，又很生猛地砸向了崔琰。

当然，崔琰的抗打击能力要比杨训强太多了。杨训被猛批了一顿，吓坏了，窝在那里不敢出声。崔琰就不一样了，跟杨训要了文章的底稿。

他拿过来一看，不就是歌颂一下曹丞相吗，有什么了不得的？于是，崔琰给舆论旋涡当中的杨训写了一封信，把他表扬了一通，说那些所谓的名士都没什么政治眼光，除了死板教条之外，一点都不知道变通。把那群人狠狠地挖苦了一顿，崔琰觉得很开心。当然，丁仪听说之后就更开心了。

上次的民意调查事件让丁仪很郁闷，但是他硬是从不利之中找出了有利的因素。丁仪发现，曹操对崔琰公开调查问卷的事情非常愤怒，心里已经有了芥蒂。这时候如果崔琰犯错，那么曹操一定不会放过他。就在此时，杨训这件事出现了。

本来这件事根本顶多受受舆论的谴责。曹操不可能把当事人怎么样，何况曹老板现在正需要歌功颂德。可是，曹操一方面需要歌功颂德，另一方面更需要把崔琰狠狠地教训一下。于是，丁仪就把这事儿炒作了一把。在丁仪的引领之下，对崔琰有意见的那些名士，看到了前进的旗帜和方向，集体出击，把板砖砸向了崔琰。

崔琰写给杨训的信当中有那么一句，“时乎，时乎，会当有变时”。这话其实是崔琰安慰杨训，那些所谓的名士没什么政治眼光，除了死板教条之外，一点都不知道变通，不用理他们。时间一久，风头一过，那些人也就不会说你什么了。

可问题是，事情最怕就是断章取义。失去了原先的语境，这句话的意思就变得不那么确定了。它可以理解为是崔琰在安慰杨训，也可以理解为崔琰是在暗示曹操时日无多，等到他死了，事情就有转机了。后面这种情况可就是大逆不道了，于是，有人立马向曹操举报崔琰，说他“傲世怨谤，意指不逊”，不用说，这个举报人是丁仪安排的。

其实，这种举报一看就很不靠谱，因为崔琰傲慢的对象只是那些所谓的名士而已。换成别人接到举报后，估计也就是通报批评一下了事，让崔琰记住有话当面讲，不要背后议论。可是曹操接到这个莫须有的举报之后，居然勃然大怒。曹操为什么会发怒呢？一来，他原本疑心就重；二来，在继承人这件事上，他对崔琰早已经心怀不满。于是，曹操下令把崔琰抓起来扔到监狱里，并处以髡刑，直接拉去当苦力。

事情到这儿完了吗？没完。举报崔琰的人看到自己的举报居然如此成功，让崔琰从一个高级领导干部直接变成劳改犯了，就更来劲儿了，又跟踪过来继续举报，“琰为徒隶，对宾客虬须直视，若有所瞋。”意思是说，崔琰这家伙都成苦力了，仍然态度傲慢，接待客人的时候，胡须卷曲，双目直视，好像有所怨怼。这是死不悔改的态度，对这种死不认错的人绝对不能宽大。曹操一听，眼睛冒火，随后下令将崔琰赐死。

丁仪对此很高兴，看谁还敢去死保曹丕，崔琰就是下场。崔琰死得不明不白，毛玠很郁闷。于是，丁仪对指使人搜集毛玠的黑材料，继而向曹操举报。曹操也没多想，又下令把毛玠逮捕法办。谁敢同情崔琰，毛玠就是下场。

这时候，有些理智的人觉得不妥当了。侍中桓阶、和洽觉得曹操在处理事情上已经走向极端了，于是请求曹操放毛玠一马，可曹操毫不理睬。桓阶请求曹操指明毛玠获罪的依据。曹操说：“言事者白，玠不但谤吾也，乃复为崔琰觖望。此捐君臣恩义，妄为死友怨叹，殆不可忍也。”曹操的意思是，根据举报，毛玠不但到处诽谤我，还天天为崔琰叫冤。他这是不顾君臣大义，我怎么能容得下他？

和洽不接受这个解释，坚持说：“如言事者言，玠罪过深重，非天地所覆载。臣非敢曲理玠以枉大伦也，以玠历年荷宠，刚直忠公，为众所惮，不宜有此。然人情难保，要宜考玠，两验其实。今圣恩不忍致之于理，更使曲直之分不明。”和洽认为，毛玠绝对是忠于主公的，绝对不会做出不利于主公的事。若举报者的话是有依据的，那么，以属下愚见，最好把事情交给有关部门公开审理，方为上上之策。

曹操听了，哼了一声，眼光转向别处，说：“所以不考，欲两全玠及言事者耳。”意思是，我之所以不移交，就是为了让举报者和毛玠本人都得到体面。

事情果真如此吗？曹操心里很清楚，毛玠并没有犯法，举报人才是真正的诬告。对此，和洽并没有放弃：“玠信有谤主之言，当肆之市朝；若玠无此言，言事者加诬大臣以误主听，不加检覈，臣窃不安。”意思是，若是毛玠真的对您不敬，我们就应该公开地把他斩首示众；若是毛玠没有对您不敬，而是举报者诬陷他，主公您却不去追究举报者的责任，属下觉得很不妥。

曹操当然不会追究举报人，就采用了一个折中的办法，免掉了毛玠的官职。毛玠出狱以后深受打击，没过多久就去世了。

纵观这一次较量，丁仪以一己之力打掉了曹丕身边两个高级智囊，看上去取得了重大胜利。但实际上呢？大家开始怕丁仪了，而且怕得要命。丁仪当然也感受到了，不过这并没有引起他的警惕，反而又陷害了另外几个自己看不顺眼的人。这一下大家就更怕他了，当然心里也更恨他了。毫无疑问，他已经成了全民公敌，更让他辅佐的曹植在曹操及群臣面前大大地失了分。

为什么这么说呢？如果曹操是个菜鸟，那么丁仪是应该有所作为的，说不定就能把曹植推到宝座上。可是曹操毕竟是曹操，他的脑子里想什么事，哪是丁仪能摸得准的？表面上看现在曹操很相信丁仪，其实曹操这种方式是在欲擒故纵。原本曹操就想搞定那些人，只是找不到理由。现在丁仪乐呵呵地蹦出来，帮自己找到理由，又何乐而不为呢？等哪一天觉得丁仪烦了，舆论扛不住了，自己要变成一个英明领袖了，可以一转头说，我糊涂，是受了丁仪小人的蒙蔽，然后一股脑把责任推到丁仪头上，这事儿不就一了百了了吗？

事实上，曹操用的这一招并不罕见。只是丁仪这类小人永远想不到，傻乎乎地去玩小聪明！实际上全程被人控制，被人利用，只是一个傀儡而已。在这件事里，丁仪为曹植灭了曹丕好几个死党，但是也让曹操看出来，曹植手下也就丁仪这个小人，还有那个自作聪明的杨修在边上辅佐。假如以后曹植真的成了领袖，大权毫无意外就会落入这种人手里。

丁仪、杨修这样的人，你让他去做个打手，搞定某个政敌，那是很有杀伤力的。但是以后国家需要的是安邦定国，长治久安，那时候用丁仪、杨修这样的人，就肯定不合适了。曹操对于这一点看得很明白，所以崔琰事件，对丁仪来说表面上是胜利，但实际上却为他辅佐的曹植大大地减了分。

太子遂定

尽管丁仪把朝堂搞得乌烟瘴气，但曹操依然是喜欢曹植的。他不会因为曹植有这样的助手，就把曹植一票否决。他仍然要考核，所以曹丕、曹植兄弟还得继续竞争下去。曹丕的诗写得并不比弟弟曹植好，但是玩政治这方面，曹丕可比曹植的头脑灵光多了。曹丕看到老爸毫不犹豫地把崔琰杀掉了，接下来又把面露不满的毛玠免职了，就明白老爸现在依然把曹植放在第一位，自己只是备胎而已。

曹丕天天都在想如何去翻盘，但是依然没有什么好的办法。最后他终于想到了，不是想到一个方法，而是想到了一个人。如果这个人肯帮他，那翻盘不是没可能。当然，曹丕也明白，办这种事得小心，如果被老爸知道了，别说当太子了，就连自己的脑袋都有可能没了。那么，这个让曹丕不惜代价也要请教的人是谁呢？他就是贾诩。

贾诩绝对是个聪明人。大家都说他是三国第一毒士，其实说他毒未必指的是心肠毒，更多的是指他那条舌头太毒了，一说一个准。自从投奔曹营以来，贾诩这几年没立什么特别大的功劳，也没为曹操灭掉哪个牛人，看上去一副老好人的模样，实则他已看准了曹氏兄弟夺嫡之争这个机会，知道自己若是在这时站对了队以后，以后自己的生活要比那些在前线流血流汗、拼死拼活的人幸福得多。他也深深地明白，凭曹植的水平最后是斗不过曹丕的。

没错，曹植诗歌写得好，文章写得牛，但是他不会招揽人才、笼络人心，手下都是些小人，或是缺乏政治智慧的谋士。再看曹丕，手下完全是另外一个境界。崔琰虽说不是什么大才，但他是清河崔家的人，属于名门，人气很旺。其他的像陈群、司马懿之类的，哪个不是玩权谋的高手，这场争夺赛可不是一般的征文比赛，而是你死我活的残酷斗争。所以，贾诩认为选择曹丕就是选择胜利，选择未来。

这次曹丕派人去贾诩府上，请他帮自己出个主意。贾诩知道机会来了，就含蓄地提醒曹丕：“愿将军恢崇德度，躬素士之业，朝夕孜孜，不违子道，如此而已。”意思是说，将军只要兢兢业业地工作，不违背为人之子的道理，就什么都不用怕了。这话听上去简单，但最复杂的大道理往往就在最简单的话当中。不久之后，贾诩的话就发挥了很大的作用。

曹操要出征了，曹植像往常一样为父亲献上了一篇辞采华丽的文章，曹丕则在吴质的提醒下只是痛哭流涕而已。曹丕这次表现的就是贾诩所说的为子之道，还有什么比儿子的孺慕之思更可贵呢？曹操那颗诗人的心冷静下来以后，还是觉得真实比浮华更让人放心。于是，曹丕在老爸曹操心中的地位越来越高。

曹丕请教了对的人，找到了讨好老爸的正确方法，曹植却没想通透，他手下的智囊们也没看出来。杨修和丁仪并没有为他制定相应的措施，所以曹植天天像以前那么豪放，那么有才子气。慢慢地，大家都觉得曹植好是好，就是太狂了，比不上曹丕实在。于是，舆论进一步开始转向了。如果说当初那么多人支持曹丕是因为立长不立幼的传统，那么现在大家就变成真心实意地支持曹丕了。

到了这时，曹操终于决定不等了，是时候下决心了。于是，“太子遂定”。建安二十二年（217）的冬天，曹家的继承人争夺战终于落下了帷幕，曹丕胜出，成为魏国太子。面对这个好消息，曹丕高兴得差一点发疯，一点都不顾太子的身份和体面，一把抱住议郎辛毗的脖子说：“辛君知我喜否？”意思是，辛君，你可知道我心里有多高兴啊！辛毗被抱得差点儿喘不过气来。

回到家里，辛毗把这事儿和女儿辛宪英叙述了一遍。辛宪英年纪不大，却很有见识，是三国时期少数留下名字的女人。她对曹丕的表现发表了一针见血的评价。她说：“太子，代君主宗庙、社稷者也。代君，不可以不戚；主国，不可以不惧。宜戚宜惧，而反以为喜，何以能久！魏其不昌乎！”意思是，五官中郎将可是这个国家未来的君主，他当了太子以后，应该表现得忧惧一些才对。可他现在得意忘形，高兴得像个小孩子，表现这么浅薄，魏国的国运还能长久吗？辛宪英一语成谶，魏国的国运真的不长，如果从曹丕称帝开始算，只有四十五年。

魏国的国运是后话，曹丕当上太子才是眼前的大喜事。消息传到后宫，侍从们纷纷向曹丕的母亲卞夫人道贺。卞夫人虽然没有像辛宪英一样在历史上留下名字，但这并不影响她保持清醒的头脑。她对曹丕当上太子的消息表现得非常淡定，人们向她道贺，她却淡淡地表示因为曹丕是长子才被立为太子，自己没负教子无方的责任就很不错了，哪还有什么心思搞庆祝。卞夫人的话传到曹操的耳朵里，曹操很高兴，连连称赞了她。

魏国的太子之争尘埃落定了，似乎一切都应该结束了，但政治圈里边表面的平静往往带来的是更加凶狠的暗涌，该发生的还是会接着发生的，比如血案。曹操在处理完继承人的问题以后，立刻意识到不能忽视争位时留下的后遗症。如果有个万一，魏国就要发生内乱。自己既然选了曹丕，就必须为曹丕铺好路，搭好桥。凡是不利于维护魏国稳定的因素，都必须连根拔除。就算是自己的亲儿子曹植，也必须严加限制。

下定决心以后，曹操就开始紧盯着曹植和他的智囊团们。其实，以曹植那样的性格，让他做到自律、克制真的很难。结果，他的小辫子就一次次被老爸曹操抓到，他自己也一次次受责。

有一次曹植和杨修一起喝酒，喝完闷酒以后，他又开始张狂了，乘着酒兴驾着马车外出飙车，这一飙车就飙出事了。当时虽然对车速没有限制，但对车道却是有严格规定的，有些车道是死都不能上去的，比如司马门外的驰道。司马门是古代重要的城门、军门，它有几种不同的含义：第一种是指官署或是军营的外门；第二种是指帝王陵墓的外门；第三种特指金陵建业宫的大司马门；第四种是比较常见的，即皇宫的外门。

要知道，司马门内外的驰道，普天之下只有皇帝的车才能在上面跑，别人的车不管是谁的，只要当事人上去了统统死罪。估计曹植当时心情郁闷到了极点，感觉前途一片黑暗，加上又喝多了几杯，就喜欢找点刺激，结果酿成了大祸。

曹操知道以后，勃然大怒，曹植叫过来，狠狠骂了一顿，然后杀了负责车马的公车令。曹操对这个曾经寄予厚望的儿子满怀失望，失望之余撂下一句狠话，“令吾异目视此儿矣”。曹植虽然没有受到任何处分，但显然曹操对他的信任已经降到了冰点。从希望到失望，往往只有一步之遥。

曹植夜闯司马门的事件就发生在曹操立太子这一年，但到底发生在曹操立太子之前，还是立太子之后，史学界是有争议的。有人说发生在立太子之前，它是“太子遂定”的导火索；也有人说发生在立太子之后，正是因为太子不是曹植，曹植才会失魂落魄。当然，哪种说法都不重要，重要的是以曹植的个性，发生这种事情是不可避免的，他失去曹操的信任也是迟早的问题。

司马门事件之后，很快曹植又遭遇了重大挫折。虽说曹操命人造了奢华的铜雀台，但那是装门面用的，实际上他本人生活很简朴，提倡节约过日子。按照他的要求，曹家的主妇都不能穿丝绸做的衣服。可是曹植的老婆偏偏喜欢穿着丝绸衣服在后花园游来晃去，这一晃不要紧，结果被曹操看见了。曹操大怒，直接下令让曹植火速和这个女人办理离婚手续，然后把她送回娘家，赐死。这下曹植彻底崩溃了，太子当不成，老婆也死了，他该怎么办呢？

其实，仔细想想，曹植的老婆穿丝绸衣服肯定不是第一次了，曹操也肯定不是第一回看见，但为什么偏偏选在这个敏感的时期勃然大怒呢？而且这一次大怒的后果居然这么严重，直接判了死刑，说白了，这其实就是轻微的个人作风问题。很多人都认为，曹操杀这个儿媳妇主要是因为她来自于崔家。

的确，曹植的老婆是崔琰的侄女。崔琰卷入了太子之争，虽然表现得大义凛然，但曹操认为这是他想进入权力核心的表现，便找借口杀死了崔琰，以断绝这股势力在朝堂称雄的可能性。斩草必须要除根，崔氏之女不能继续留在曹家。这种说法看起来合情合理，实则经不起推敲。崔琰是支持曹丕的，崔氏是曹植之妻，就算崔琰活到曹丕执政之后，也不可能给侄女婿曹植带来任何的好处。而且，崔氏只是一个没有政治智慧的弱女子。其实，曹操杀死崔琰，又杀死崔氏，更多的是为了警告曹植和他身边的那伙人，他们要是不听自己的话，自己就不客气，该杀的绝不手软。

通过这两件事，我们几乎可以很通透地看到曹操当时的心态了。没错，他很喜欢曹植，但作为政治家，曹操在衡量自己的喜爱和曹氏政权的前途的时候，毫不犹豫地把后者放在了第一位。为此，他只能忍痛割爱。

杨修之死

曹丕成功成为太子以后，为了避免争位时留下的后遗症，曹操开始猛烈敲打曹植及其智囊们。除了曹植屡屡受责，杨修也是被重点打击的对象。

其实，杨修并非蠢人。曹植落选以后，他就明白这种危险的游戏再也不能玩下去了，就有意识地疏远了曹植。可曹植却不以为然，还多次主动联系杨修。这一下杨修就为难了。继续交往下去，自己多半是死路一条；可就这么断交，曹植毕竟是曹操的儿子，怎么得罪得起？况且彼此还是情趣相投的好朋友呢。史料上说，“修亦不敢自绝”。所以，两人还是保持了一定的交往。按杨修的想法，事已至此，大家谈谈生活，谈谈文学总可以吧。遗憾的是，曹操并不这么想。事实证明，只要杨修敢继续和曹植交往，无论谈什么，都是危险的。

不过，杨修并没有意识到这一点。为了给自己留条后路，他还和曹丕保持了比较亲密的交往，杨修曾经把一把宝剑借花献佛转赠给了曹丕。曹丕也很领情，不管怎么说，杨修还是个不错的文友。杨修见曹丕收了自己的礼物，对自己表示了热情，就以为即便曹丕未来当了皇帝，也不至于对自己下重手了。

曹丕确实没有杀杨修的想法。他继位以后，有一次带着这把宝剑出宫，睹物思人，一种伤感之情油然而生：“此杨德祖昔所说王髦剑也。髦今焉在？”意思是，这就是杨修以前赠送给我的王髦剑，王髦现在在哪里？我想找到他。后来，曹丕召见了王髦，还给了王髦不少赏赐。其实与其说是给王髦的赏赐，还不如说这些赏赐是给杨修的祭品。

除了对杨修的朋友好，曹丕对杨修的父亲杨彪也不错。要知道曹操在世的时候非常忌讳杨家父子的。曹丕称帝以后，改善了杨彪的政治待遇，还想请杨彪担任曹魏帝国的太尉，结果被杨彪婉言谢绝了。于是，曹丕就给了杨彪一个荣誉职务——光禄大夫。之后考虑到杨彪年纪大了，曹丕特许他参加朝会时不穿制服，拄拐杖，待以宾客之礼。

可惜，在黄初元年（220）十月之前，曹丕并不具备一言九鼎的实力。而曹丕的老爸曹操才是决定杨修命运的关键人物。

曹丕成功成为太子以后，曹操就要为他铺路了。曹植集团当中杨修更是首当其冲，不能被留下。其实当曹操知道杨修一直在背后耍小聪明的时候，他就曾经发出过警告。他的警告是一封信，是写给杨修的父亲杨彪的。信中是这么写的：“足下贤子恃豪父之势，每不与吾同怀。即欲直绳，顾颇恨恨。”这话说得可太重了，曹操的意思，是你们杨家可出了个好儿子，凭着家里的权势，却不与我曹孟德同心同德，想起来我心里都恨得直痒痒。

可想而知，这样一封信送到杨彪那里，老杨绝对吓坏了，所以他是不可能不给自己的儿子杨修看的。如此露骨的警告，杨修应该稍微知趣一些了。但是聪明的杨修却偏偏不识趣，决心顽抗到底，依然用自己的方式和曹植打得火热。

建安二十四年（219）秋，被杨修屡次冒犯、忍无可忍的曹操终于举起了屠刀。他最后给杨修定下的罪名是“后漏泄言教，交关诸侯”。意思是说，杨修泄露机密，私下与诸侯交往。

其实对于自己被杀，杨修是有预感的。参与了夺嫡之争，自己辅保的公子又落败了，死是早晚的事。所以临死前杨修不由得发出了这样的叹息：“我固自以死之晚也。”这么看，杨修确实是个聪明人。

那么，杨修的死因到底是什么呢？是不是就像杨修自己猜测的那样呢？首先可以肯定的是，著名的鸡肋事件和曹操给出的官方理由“交关诸侯”都不是主因。其次，杨修被杀是多种因素综合的产物。具体说来，包括以下几个方面。

第一，杨修背景复杂。杨修的老妈出身于汝南袁氏，与袁绍、袁术兄弟血缘很近。虽然袁家势力早已覆灭，但是曹操对杨修仍然不放心。

第二，杨家四世三公，深受东汉朝廷厚恩，其政治观点与曹操不一致。尤其是杨修的父亲杨彪，他是东汉朝廷的元老，受传统思想的影响，自然是拥护东汉王朝的。而杨修本人又和被曹操深深厌恶的孔融等人来往密切，这就使得曹操对杨家父子相当忌讳。

第三，也是最要命的一点，杨修卖弄小聪明，揣度领导心思，引发了曹操极度的反感。仔细分析一下，杨修不管是做工作，还是帮曹植出谋划策，他的言行都离不开一个字——猜。他处处猜测领导的心思，然后见机行事。对于曹操来说，如果自己的一切都被人看透了，那还了得？那样的话，曹操还怎么统领群臣呢？

杨修之死，对于杨修的父亲杨彪来说算是一个极大的打击，杨彪自从杨修被杀后，精神状态一直不好。据《后汉书》的记载，曹操有一次在路上见到了杨彪，问他："公何瘦之甚？"杨彪回答道："愧无日磾先见之明，犹怀老牛舐犊之爱。"意思是后悔自己对儿子过于疼爱，没能像金日磾那样，下狠心自己杀掉惹祸的儿子。杨彪的话里说到了一个典故，西汉的名臣金日磾有两个儿子，其中一个非常受汉武帝的喜欢，有时候会从后面抱汉武帝的脖子。金日磾见状，怒骂了儿子。等到这个儿子长大之后，也没有改掉轻浮的习惯，经常和宫人打闹嬉戏。于是，金日磾就亲手杀死了自己的儿子。

曹操听完，感觉杨彪非常不容易，便有心安慰安慰一下老人家。后来，曹操夫妇和杨彪夫妇一来一往，共写了四封信，信中围绕的只有一件事，那就是杨修之死。

在曹操给杨修的信中，曹操说自己杀死杨修，为的是国家利益、“海内大义”，道理正当，冠冕堂皇。而且，杨修“每不与吾同怀”，那就不得不杀。当然，在信的最后曹操也表达了对杨彪丧子之痛的慰问，那就是“今赠足下锦裘二领，八节银角桃杖一枚，……所奉虽薄，以表吾意。”

接到曹操的这封信后，杨彪觉得曹操这是在猫哭耗子假慈悲，虽然很不屑，但还是给曹操回了封信，在信中杨彪承认了杨修的罪过，表达了自己的悲伤之情，对于曹操赐给的财物，杨彪的态度是“省览众赐，益以悲惧”。

接到杨彪的回信后，卞夫人觉得丈夫这事儿做得有点不太妥当，便给杨彪夫人袁氏写了封信，信中代丈夫补充说明了杀杨修的具体原因，那就是“官立金鼓之节，而闻命违制”，虽于情不忍，却势不得已，不杀不可。当然，卞夫人也没有忘记表示自己的伤心，并给袁氏送了一些慰问品，“故送衣服一笼，文绢百匹，房子官锦百斤，私所乘香车一乘，牛一头，诚知微细，已达往意，望为承纳”。

收到卞夫人的慰问信后，杨彪的夫人袁氏也给了回复。信中一样表明杨修确实是犯了错误，也同样对所赐财物表示了推辞，“明公所赐已多，又加重赍，礼颇非宜，荷受辄付往信”。

无论如何，杨修之死为曹操的敲打工作画上了句号。不久之后，曹操也去世了，剩下的事情就留给曹丕来解决吧。至于解决什么，怎么解决，那就是后话了。

第八章

曹刘再战汉中

刘备挑起汉中争夺战

距离建安二十年（215）十一月张鲁降曹，时间已经过去了将近两年，但刘备对汉中的惦记从未停止过。

对刘备而言，拿回汉中不仅涉及面子，更有稳固政权的意义。汉中是益州的北方门户，是连接中原和益州的交通要道。没有汉中，益州就会暴露在曹操的视线中，随时有危险。所以，无论如何要夺回汉中，哪怕是一座空城也得拿回来。刘备比谁都知道这块地方的重要性，可知道是一回事，有能力拿下是另一回事。刘备虽然很想“得蜀望陇”，奈何实力不足。

想主公之所想，急主公之所急，是一个优秀谋士的基本素质。作为刘备的谋士，法正一直在思考解决汉中问题的对策。某一天，他终于想到了，就来找刘备，这时，已经是建安二十二年（217）十月了。

法正对刘备说：“曹操一举而降张鲁，定汉中，不因此势以图巴、蜀，而留夏侯渊、张郃屯守，身遽北还，此非其智不逮而力不足也，必将内有忧逼故耳。今策渊、郃才略，不胜国之将帅，举众往讨，必可克之。

克之之日，广农积谷，观衅伺隙，上可以倾覆寇敌，尊奖王室；中可以蚕食雍、凉，广拓境土；下可以固守要害，为持久之计。此盖天以与我，时不可失也。”意思是，曹操一举拿下汉中，却不能利用这个形势向巴蜀进军，只留下夏侯渊和张郃驻守汉中，自己匆匆率军北还，并非他智慧不够，力量不足，必是他有内顾之忧。以夏侯渊和张郃的才能，根本不能胜任统帅的工作，如果我们发兵去征讨，必能获胜。待我们拿下了汉中，广种粮多积谷，等待北进之机。若一切顺利，上可以搞定曹贼，辅佐汉室；中可以蚕食雍凉地区，扩大版图；下可以固守要地，以图后来的发展。主公，这是天赐良机，万万不可错过。

法正这话说得有理有据，刘备听了自然非常高兴，立即决定采纳，留诸葛亮驻守成都，负责大后方，自己则兵分两路进军汉中，其中一路由自己和法正领着，抵达阳平关；另一路由张飞、马超带领，他们遇到了曹洪和曹休。

曹洪是曹操的堂弟，也是曹营有名的猛将。他早年跟随曹操在保兖州、平袁绍等战役中立下汗马功劳，还曾救过曹操的命。

曹休，字文烈，是曹操的族子，曹营精锐虎豹骑的首领。他十几岁时就死了老爸。曹休忍痛安葬老爸之后，就带着老妈去吴郡避难了。中平六年（189）曹操在兖州起兵的时候，曹操辗转千里来追随，被曹操亲切地称为“吾家千里驹”。

曹操安排曹休和曹丕同吃同住，把曹休当成亲生儿子看待。曹休也没有辜负曹操的期望，他打仗很有一套，凭自己的能力成为虎豹骑宿卫（首领）。虎豹骑是王牌中的王牌，精锐中的精锐，主要担负的是保卫曹操的任务，必要的时候，也会被临时调到前线担任攻坚任务。曹休能成为虎豹骑的首领，可见曹操对曹休的人品和水平是相当认可的。这次出征前，曹操还专门勉励曹休："汝虽参军，其实帅也。"事实证明，曹操这个安排是非常正确的。

曹洪、曹休虽然实力不俗，但张飞、马超也是当世名将，这两人同时出马，曹洪、曹休想占便宜估计也不那么容易。可问题就在于，张飞和马超率领的这支队伍不是主力部队，人数不多，这就麻烦了。

建安二十三年（218）三月，曹洪主动出击，打算攻打吴兰。于是，张飞屯兵固山，并且放出风声，声称要截断曹军的后路。消息传来，曹营众将议论纷纷，大家都怀疑这是张飞故意搞鬼，因而无法决断。

曹休看到大家犹犹豫豫，站出来大声说："贼实断道者，当伏兵潜行；今乃先张声势，此其不能，明矣。宜及其未集，促击兰。兰破，飞自走矣。"他的意思是，这全是张飞忽悠我们的。他要真的是想截断我们的后路，肯定会偷偷摸摸进行，怎么可能如此高调？他现在根本就做不到，只是在那里虚张声势罢了。我们必须趁他们还没有集中兵力的时候，先发制人，攻打吴兰。把吴兰搞定了，张飞没有什么作为，自然会退军。

曹洪听了大喜，就按曹休的意见立刻向吴兰发动了总攻。吴兰当然不是对手，大败的同时自己也战死阵中。张飞听到这个报告后大失所望，看来自己的忽悠之计被人家识破了，立刻和马超迅速撤军。

张飞、马超的侧翼部队失利，刘备的主力部队也遭到了麻烦。对于刘备的"造访"，汉中统帅夏侯渊一点不意外，他带领张郃、徐晃从容抵御，双方在阳平关前形成了对峙局面。

因为夏侯渊是据险固守，处于进攻位置的刘备进展很不顺利。后来，刘备想到了一个很绝的招数，派部将陈式率军前去破坏马鸣阁的栈道。破坏马鸣阁的栈道，就等于切断了汉中与外界的联系。夏侯渊再生猛，也不过是瓮中之鳖。栈道是运输线，更是生命线，对这一点，双方都有足够清醒的认识。陈式来搞破坏，曹军当然不欢迎，于是，夏侯渊就派徐晃去保护这条生命线。

徐晃可是曹营“五子良将”之一，陈式哪里挡得住，率军一路败退。陈式失败后，刘备又向广石发动了进攻。守在广石的正是之前被张飞打败的张郃，可是这个败军之将看起来并不好对付。刘备指挥主力部队猛攻了好几次，一点进展都没有。

刘备这才明白，汉中确实不是豆腐渣，曹操拿下了，不是因为这里守不住，而是曹操的个人能力确实很强。要啃这个硬骨头，必须还得增兵。于是刘备赶紧写信回大本营，命令从益州方面再发兵过来，加大力度。

诸葛亮的给力后勤

守在大本营的诸葛亮接到刘备从前线发回来的文件以后，立刻请杨洪过来搞了个碰头会，讨论到底能不能发兵。为什么要讨论呢？因为当时益州留守的部队已经不多了，而益州地区远远没有稳定。如果真把部队调走，后方的工作就不好做了。

杨洪是益州本地人，当然清楚汉中对益州的重要性。他知道，没有了汉中的益州就等于没有咽喉的大力士，再怎么四肢发达也是没有用的，会被别人一招毙命。所以，他当场就表态了，必须按照主公的指示办。杨洪说：“汉中，益州咽喉，存亡之机会，若无汉中，则无蜀矣。此家门之祸也，发兵何疑！”意思是，汉中是益州的咽喉，关系到整个益州的兴亡。没有汉中，就没有益州。这是家门之祸，一定要发兵，没有第二条路可走。诸葛亮一听言之有理，立刻调集兵马派往汉中前线。

与此同时，诸葛亮觉得杨洪确实是个人才，脑子特别清醒，所以就上表刘备，让杨洪当上了蜀郡太守。可能您会奇怪，蜀郡太守不是法正吗？没错，可是法正现在正在汉中前线和刘备一起攻打曹军。面对如狼似虎的夏侯渊，法正哪有时间顾及蜀郡的行政事务，而且这一仗打下来估计要好几年。所以这个行政职务先交给杨洪，等过几年刘备打了胜仗回来，法正自然也就升职了。从这一点看，诸葛亮在行政管理方面确实是个高手。

这段时间的历练确实为诸葛亮积累了相当丰厚的行政经验。也正是从这时起，诸葛亮开始主政蜀中，一心一意地为刘备经营大后方。所以，诸葛亮并不是像《三国演义》里写的那样，天天活跃在战场上。事实上，诸葛亮大部分时间都在做后方的工作。从刘备占领荆州以后，诸葛亮就开始主要从事行政工作了。

现在他主理益州，知道自己这些人属于外来户，是用武力抢占了刘璋的地盘。所以刘备集团在蜀中的群众基础是比较差的，诸葛亮明白要对付那些不服的人，如果只靠强硬镇压的话是镇压不住的，只有争取人心才能长治久安。

所以，一旦发现杨洪是个人才，诸葛亮立马重用了。从益州整个形势来看，虽然都是太守，但显然蜀郡太守比犍为太守重要多了。看到诸葛亮用人如此果断，杨洪立马推荐了自己的朋友何祇。想不到诸葛亮立刻下文任命何祇为广汉太守，速度之快连杨洪自己都想不到。

蜀中人士一看，诸葛亮用人真的是唯才是举，一点没有划山头的意思。于是，这些人个个对诸葛亮大力称赞。这些精英分子一旦表示了服从，其他人当然也不再折腾了，安心地在刘备集团工作了。

诸葛亮这个时期为刘备巩固了大后方，使得刘备能够一心一意地攻打汉中，从这方面来讲，功劳丝毫不比前线任何一个人小。道理很简单，如果刘备在汉中玩命的时候，自家后院不断爆发事件，今天杀个太守，明天那个官员又被赶走了，这仗能打得下去吗？估计用不了几天，刘备在前线就会被曹军灭掉了。一旦让曹军冲到成都，诸葛孔明就是有再多的门板，也挡不住了。

定军山之战

得到援军的刘备打下阳平关了吗？没有。众所周知，汉中是有名的易守难攻，如果不搞点诡计，只是和夏侯渊硬碰硬，胜算是非常小的。事实也是如此，刘备和夏侯渊大眼瞪小眼地对峙到第二年的正月，依然没什么进展。刘备很郁闷，知道再僵持下去，曹操就会亲自带队过来了。于是，刘备决定不在阳平关耗着了，带着大军南渡沔水顺着山势向定军山出发。

这一次打先锋的是黄忠老将军。黄忠，字汉升，一说字汉叔，南阳（今河南省南阳市）人。黄忠原本是刘表阵营的，早年曾以中郎将的身份和刘表的侄子刘磐一起驻守长沙攸县。建安十三年（208），曹操南下接收了荆州，黄忠曾短暂归属于曹营，在长沙太守韩玄帐下效力。建安十四年（209），曹操在赤壁战败北归，刘备派将军赵云南征长沙四郡。长沙太守韩玄投降，黄忠就归于刘备阵营了。算起来，黄忠来到刘备这里打工快十年了。

黄忠年纪虽然大了，但由于他在刘备入蜀时的出色表现，这回依然是作为刘备向定军山出发的先锋。夏侯渊知道刘备已经改变了进攻的方向，也带上精锐部队来到定军山安营扎寨，一定要把刘备死死挡住。为了稳妥起见，他安排张郃守东寨，自己则去南寨。

刘备针对夏侯渊的布置，做了两个决定。

第一，派人烧掉曹营外的鹿角；第二，猛攻张郃。刘备的部下很给力，两项任务都完成得不错。曹营鹿角被烧毁，张郃抵抗不住，向夏侯渊求救。

夏侯渊坐不住了，他一方面分出一半兵力去增援张郃，另一方面自己亲率四百精锐骑兵，前往十五里以外的定军山重新布置鹿角。

很快，刘备就发现了夏侯渊的动向，命黄忠发动攻击。结果不难想象，这四百骑兵对于黄忠的先锋部队来说根本不算什么，这支曹军瞬间崩溃，主帅夏侯渊也为黄忠所杀。

夏侯渊战死的噩耗传来，曹操痛心疾首，身为主帅尚且不该亲自出战，夏侯渊还偏偏去修补什么鹿角，军中称他为“白地将军”，真是没有冤枉他！当然，曹操也不忘为自己挽回点面子，酸溜溜地说：“吾故知玄德不办有此，必为人所教也。”意思是，刘备他哪有这种本事，我的爱将被人杀了，当然是别人教他的。

法正之谋

曹军主将夏侯渊居然不经意之间就死了，这在旁人看来简直就像一个玩笑，可偏偏这事就真实地发生了。到底这条让夏侯渊魂断定军山的谋略是谁出的呢？其实这是没有定论的，普遍的说法是法正出的主意。

有人曾经说过，三国时的谋士前期和中期相比，诸葛亮如荀彧，庞统如荀攸，而法正就像是郭嘉了。事实上这一点在陈寿身上已经得到了体现。他写《三国志》的时候，就已经把法正比成了郭嘉或是程昱。陈寿这么说其实是有道理的，程昱性格急躁，喜欢与人结怨；郭嘉生活不拘小节，既贪财又好色；而法正开始就是个带路党、投降派，心胸狭隘，小人嘴脸，特别喜欢打击报复。所以，这三个人确实有相似之处。

回头看刘备，他手下是不缺武将的，数量虽然未必多，但质量个个不必说。关羽、张飞、赵云、黄忠，哪一个拎出来不像黑夜里面的萤火虫一样闪闪发光。但是在谋士这方面，刘备阵营就比较缺乏了。诸葛亮在这个时候虽说不差，但是他更擅长处理行政内务。对于刘备来说，军事高参只有那么一两位，其中特别厉害的庞统还死了。所以法正投靠刘备以后，很快就成了刘备的心腹。

刘备天天把法正带在身边，对他非常信任，接下来这件事就可以作为证明。在汉中大战的时候，有一次刘备和曹军对阵，对方箭如飞蝗，一通乱射，刘备这边的士兵纷纷扑倒在地，一下子就处于下风了。这个时候只有撤退才是最明智的，可是刘备眼瞅着自己要丢脸了，一下子就上来了驴脾气，死活不肯退。这个时候法正来了，故意挡在刘备面前。那边刘备正瞪红了双眼看着对方的箭向自己飞过来，眼前一黑，心想这下完了，可是定了定神也没觉得身上疼，再仔细一看，原来是法正挡在自己面前了，这一下刘备心疼了。

箭可不分你是刘备还是法正，情急之下，刘备大喊了一声“孝直避箭”。孝直是法正的字，他的意思是说法正你赶紧躲开。没想到法正并没有动，而是说：“明公亲当矢石，况小人乎！”这话的意思是，主公您都不怕死、不避箭了，何况是我这种小人呢？当然，这里说的小人和我们普通概念的小人不一样，是指下属的意思。刘备没办法，只能和法正一起撤退了。

从这段故事可以看出，刘备对法正是相当宠爱的。究其原因，主要是法正的性格和刘备更加投缘一些。对比来说，诸葛亮相对稳重内向保守，考虑更为周全。而法正不一样，他是个外向型的谋士，和刘备一样好勇斗狠，骨子里都是江湖上的赌徒。而定军山之战就是这两人的联手赌博。

定军山位于今陕西省汉中市勉县以南十里，这个地方又被称为十二连珠山，顾名思义，它由十二座山头组成。从西往东分别为石山、大山、定军山、中山、小陡山、八阵山、一字山、卧牛山、鸡心山、黄猫山、元山、当口寺山等，连绵二十多里。每一个山头就像是等人落子的棋盘，刘备先行一步在山下落子，夏侯渊也派人渡过汉水，抢占有利地势。

因为有十二个山头，刘备军队数量不足以全部占领，所以他还给夏侯渊留了几个。当然，即使刘备能全部占领，也会特意留几个给夏侯渊。因为按照法正的布局，这里就是为夏侯渊设的套。如果整个棋牌里的棋子都是自己的，这棋就没法下了，所以必须给敌人留出适当的空间。

为什么法正能猜到夏侯渊一定会来抢定军山呢？因为定军山与阳平

关隔江相望，互为掎角之势，是汉中的西面门户，战略位置非同一般。所以，夏侯渊一定会来。结果不出法正所料，夏侯渊果然来了。等在定军山安营扎寨之后，夏侯渊也没急着进攻刘备，而是命人布好鹿角，摆开严防死守的架势。他的想法很简单，坚持到曹操亲自带大军来了，吓也把刘备给吓死了。夏侯渊守在重重鹿角之后，又是上山打野兔，又是下河捉小鱼，日子过得好不逍遥，而蜀军士兵除非变成鸟，张开翅膀才能飞过鹿角。

所以在没开打之前，定军山那里简直就是夏侯渊的度假山庄。相反，刘备就没那么清闲了，他忙得脚不沾地，在法正的设计下，安排了三路人马。第一路上山，由老将黄忠带着；第二路下到走马谷，拿着火种听候命令；第三路由刘备亲自率领，整装待发。

等一切都铺排好了，等到深更半夜，刘备突然向守备阳平一线的张郃部发起袭击。冲上来的蜀军并没有进攻，而是放了一把大火，烧掉了曹军营寨的一部分，特别是鹿角那部分给烧开了一个豁口。张郃也不畏惧，带领亲兵卫队与蜀军展开了肉搏战。熊熊火光照亮的天空，把定军山方向的夏侯渊也烧得心惊肉跳的。

阳平关是汉中金锁，一旦失守，天险就不为我家所有，拒敌于国门之外的战略就会泡汤，这一点夏侯渊不会不知道。所以他也没犹豫，把自己的兵力一分为二,一半留下来由自己带领，另外一部分星夜驰援张郃。

那边早就埋伏在走马谷的蜀军看见阳平关那边有了信号，于是也顺手把夏侯渊军营前面的鹿角给点着了。就在这个时候，久经战阵的夏侯渊做了那个匪夷所思的选择，他带了四百个人过来灭火，补鹿角。

夏侯渊偏偏这一夜走了一步臭棋，真是世无常胜将军。接下来的事前面已经说过了，山上的黄忠看到时机到了，下令出击！于是曹军将士深受刺激，夏侯渊的脑袋变成了蜀军的胜利品。

这一仗刘备赢得干脆利落，这一切的幕后黑手是谁呢？当然是法正了。所以难怪曹操郁闷地说："吾收奸雄略尽，独不得法正也。"

如果这一次法正没有看透夏侯渊的本质，看透战场的局势，他就不会出主意走这步险招。其中最险的一招当然是放火烧鹿角，然后等夏侯渊进入伏击圈。假如夏侯渊没有被烧慌，坚守不出，刘备是没机会劫营的。大火灭了，刘备再去攻营，那夏侯渊就是以逸待劳了。双方打起来，虽然夏侯渊未必会赢，但至少不会输得太难看，最极端的情况也不至于一下子把脑袋给丢了。所以这一仗是法正赌赢了，当然刘备也赌赢了，曹操只能黯然神伤地接受自己的爱将窝囊战死的现实。

建安二十四年（219）七月，刘备自称汉中王，法正为尚书令、护军将军。法正先前在刘璋手下混得郁闷，现在在刘备手下却十分得意。只是天意弄人，谁也想不到，法正的生命会在一个所有人都猝不及防的时刻戛然而止。在第二年，年仅四十五岁的法正突然病逝，这正是一个谋士的黄金年龄。就像当年曹操失去了郭嘉，刘备痛哭不已，接连好几天以泪洗面。事实上没有了法正之后，刘备打仗似乎立刻就不行了。

后来，刘备在白帝城奄奄一息，他的东征大军被东吴的年轻统帅陆逊烧得全军覆灭，善于火攻的刘备最后差点儿死在了别人的火里。没了法正，刘备就赌不赢了，那时诸葛亮已经被招到刘备的床前。当时他不住地叹息："法孝直若在，则能制主上，令不东行，就复东行，必不倾危矣。"这话的意思是说，如果法正在，就不会让主上向东发兵征讨，就算不能制止，而随行东征，也一定能阻止惨剧的发生。可是，又有什么用呢？历史从来没有如果，只有结果。

汉中又僵住了

定军山之战可以说是刘备的咸鱼翻身之战，实际上他之前一点便宜都没有得到。可有人欢喜，就有人忧。夏侯渊战死使得曹军士气直接跌到了谷底。到底该怎么办好呢？

这个时候，我们就不得不佩服曹操离开汉中时的人事安排了。曹操留下夏侯渊镇守汉中，又安排杜袭为督军。在曹军士气低迷的情况下，杜袭的心态却很平稳。作为危机处理高手，他深深地明白夏侯渊虽然死了，但现在不能急于给夏侯渊发丧报仇，而要把大家的情绪稳定下来，否则刘备趁机打上来，汉中就崩溃了，所有的人都是死路一条。

于是，他立刻找到夏侯渊的司马郭淮，交流了意见，达成共识以后，火速把前线溃逃回来的部队集中起来。为此，郭淮还做了一番动员："张将军国家名将，刘备所惮。今日事急，非张将军不能安也。"意思是，虽然夏侯将军已经阵亡，但咱们还没有到山穷水尽的地步，张郃将军还在。张将军的军事能力是连刘备也害怕的。现在已经到了最危急的关头，只有一切听从张将军的指挥，咱们才有活路。

那些兵卒们一看，督军杜袭、司马郭淮都站在那里，算是有主心骨了，总比自己到处乱跑要好，军心便慢慢地稳定了下来。见状，杜袭和郭淮立刻找将领们开了个临时会议，会上大家一致通过，推举张郃为新任领导，负责带领大家走出困境，渡过难关。张郃也是久经沙场的人，明白这个时候推让是致命的，所以他也没谦虚，立刻临危受命，出任军队主帅，并且下令趁着天黑集中部队，回到阳平关。

刘备对张郃确实有所忌惮。黄忠斩杀夏侯渊以后，消息报到刘备那里，刘备高兴过后似乎还不满足，说了一句“可惜没有杀了张郃”。由此可见，在刘备心中，夏侯渊的才能根本不能和张郃相比。出于对张郃的忌惮，刘备打算趁对方主帅阵亡的机会，第二天一大早渡过汉水，进攻阳平关。

看见刘备大军天一亮就追杀过来，曹营众人又开始慌了手脚，众将都认为刘备那边占据优势，这个时候硬碰硬，肯定会寡不敌众，主张沿着汉水岸边列队狙击敌人。

司马郭淮认为这样并不妥：“此示弱而不足挫敌，非算也。不如远水为陈，引而致之，半济而后击之，备可破也。”他的意思是，这样做是向敌人示弱，不是拒敌良策，不如在远离河岸的地方摆开阵势，将敌人引诱过来，待他们渡河到一半时再展开攻击。这样一定会击败刘备。

张郃听了这个主意，频频点头，就是这个道理，于是下令按郭淮说的办。这一下，轮到刘备犯愣了。刘备很狡猾，看着空荡荡的河岸，心里盘算着曹兵在远处列阵，其中必有阴谋，所以他马上下令，制约部队不得贸然渡河，在岸边坚守阵地。

于是，双方又在汉水两边开始大眼瞪小眼了。不过双方都明白，这种对峙是暂时的，决战不会因为你不渡河而消失，该来的始终会来。其实当时汉中的曹军人数并不算少，但是一直都处于守势，点多面广，要守的地盘太大。特别是主帅死了以后，刘备军无论攻击哪一个据点，兵力都会处于优势。这是自古以来中国的兵法里所讲究的，集中优势兵力打击对方的脆弱环节，令对方首尾不得相顾。从这个角度讲，守关的曹兵再多也是不够用的，更别提主动出门挑衅对手了。

所以现在张郃的任务是等，等待增援。实际上也是如此，就在双方对峙的这段时间里，司马郭淮把前线的情况详细写了份报告，随后派人千里加急送到曹操那里。曹操还特地派使者过去，正式任命张郃为汉中一把手，任命郭淮依旧为随军司马。同时，曹操决定亲自出兵汉中。

子龙一身都是胆

建安二十四年（219）三月，夏侯渊在定军山被斩两个月后，曹操亲自率领大军从长安浩浩荡荡地出发，经斜谷支援汉中。斜谷在今日陕西省眉县以西，古称褒斜谷，北起斜谷，南至褒谷，全长约五百多里，是陕西到四川的一条险道。曹操明白，如果刘备派人在这条道上伏击自己，恐怕自己要吃不了兜着走。所以曹操行动非常小心，先派兵沿路去守住险要，保证大军畅通无阻，然后才稳步向前推进。

这个布置看上去声势浩大，好像即将到来的与刘备之间的血战，他是不屑一顾的。但实际上这是做给人看的，通过这种部署就知道，曹操的风格已经完全改变了，再也不是原先生猛时期的曹操了。先忙着把自己沿途的漏洞找出来，补救完善之后才出马，这原本就是信心不足的表现。刘备那边情况就不一样了，以前是曹操一开拔，刘备就开跑，现在刘备决定不跑了，因为他有信心了。自从斩了夏侯渊之后，刘备的感觉相当好，而且他还把自己的自信灌输到每一个蜀军士兵的心里。于是蜀军群情激奋，各个信心爆棚。

当然，刘备这么说也是有底气的，他的脑子灵活，明白曹操现在的注意力已经不仅仅在汉中了，毕竟荆州的二弟关羽，还有东吴的孙权，都够曹操头大的了。再加上听说去年许都又有一彪人在造反，你说曹操能把所有的精力花在我这儿吗？他这趟来布置了这么多士兵守在险要，说是让大军顺利到达汉中，其实是为快速撤退做准备。

一个是信心大于实力的刘备，另一个是实力大于信心的曹操。这两个人撞在一起，结果却出人意料。因为战争的进行往往是出乎大多数人的意料的，这场仗打得完全不按套路来，至少没有按照曹操的套路来。

虽然曹军看上声势浩大，但刘备并不放在心上，他对左右说："曹公虽来，无能为也，我必有汉川矣。"刘备的信心很足，他觉得即便是曹操亲自来了，那又怎么样？汉中郡一定会属于我！本来曹操这一趟来是希望和刘备痛痛快快地打一场，同时为夏侯渊报仇。可是，刘备好像猜中了曹操的心思，一改此前主动进攻的姿态，采取了据险防守的策略，始终不和曹操正面接触。

时间一久，曹操开始浮躁了。所有大军出征都会碰到后勤问题，确切来说是粮草问题。大多数情况下，这个问题还比较好办，比如运输比较方便，或者说根据地就在附近。可这一趟来汉中就不一样了，汉中地势险峻，运粮相当困难。刘备的坚守不出也许有这方面的考虑。

有一次，曹军的后勤部队在北山下运粮，规模巨大。黄忠认为这是个好机会，可以趁机去截粮，赵云听说后也想跟着一起去。黄忠认为不该二人齐出，于是赵云让麾下的士兵跟随黄忠前去，自己留在营中接应。可约定的时间都过了，黄忠也没回来，赵云赶紧带领几十名骑兵前去迎候黄忠。

结果他们没遇到黄忠，却与曹军的先锋部队纠缠在了一起。双方刚刚交战，曹军的大部队就开过来了。赵云只能指挥部下边战边退。当然他也明白，自己之所以没有全军覆没，完全是因为打了别人一个措手不及，不能等对方清醒过来。于是，赵云不再恋战，带领手下冲出重围。可是跑了没几步，回头一看张著还在重围之中，他又带人救出了张著。

赵云一行人边打边退，曹军对赵云他们紧追不舍，一口气追到了赵云的大本营。当时留在营中的守将叫张翼，他远远望去，看见自家主将赵云且战且走，正在撤回大本营，而赵云身后追来的是黑压压的曹军。这群人个个瞪红了双眼，看来他们这一趟不仅要消灭赵云，甚至想一口气端掉大本营。张翼心慌了，打算紧闭寨门，以守代攻。

赵云却不同意这么做，他下令全军偃旗息鼓，打开大门。虽然大家都不理解赵云这么做的目的，但是军令如山，将士们只能乖乖听命，心惊胆跳地把门打开了，谁也不敢吭声。一瞬间，赵云的大营里似乎一个人都没有，一片死寂。

后面的曹军追得很紧，很快就来到了大营外面，可是先锋部队却不敢动了，因为赵云的大营里没有任何动静。小心翼翼地再往前凑几步，还是没有听到任何声音。这肯定是有情况！莫非营中有伏兵？

一想到有这种可能，曹军就停下了追击的步伐，随后调转身形向后退去。这时，赵云大营里突然鼓声大作，接着一阵箭雨直奔曹军而来。曹军原本心里就不踏实，总以为自己中计了，现在一看铺天盖地的箭雨放过来了，就更慌了。惊骇之下，曹军个个慌了手脚，斗志全无，只顾拼命往后退。

兵败如山倒，结果战场上一下子就酿成了一场严重的踩踏事故。除了后卫部队被赵云的箭雨射杀之外，不少曹军士兵被自己的战友活活踩死了。更有很多人在心慌意乱之下掉到汉水里淹死了。一时之间，曹军队伍当中一片鬼哭狼嚎。赵云那边没受什么损失，这边曹军已经撂下无数的尸体，跑得无影无踪了。

第二天，刘备听说了这个消息以后，亲自来到赵云的营寨查看，现场听取赵云战斗事迹的汇报。听着听着，刘备深情地赞叹一声："子龙一身都是胆也。"从那以后，赵云在蜀营当中有了一个外号——虎威将军。

至于去北山劫粮的黄忠，则在整个过程中都没有出现。那么，他到底成功了没有呢？史料并没有明确记载。但有间接证据证明，黄忠还是成功了的。理由是在该年七月，刘备称汉中王时，刚刚立下汉水之功的赵云只是翊军将军，而黄忠却成为与关羽同列的后将军。如果没有北山劫粮之功，那么黄忠一介老将又凭什么超越老板刘备的心腹爱将赵云呢？

汉水之战大胜后，刘备开始尝试主动策略，派他的养子刘封去挑战曹军。曹操原本看着人马过来挺高兴，可定睛一看居然是刘封，气得够呛。于是，曹操立刻派人去代郡，把儿子曹彰找来汉中前线。

远在北方的曹彰接到调令以后，不敢怠慢，立刻快马加鞭赶往汉中前线，打算为老爸争回这个颜面。只不过计划没有变化快，曹彰在那边紧赶慢赶，可这边的曹操却想着退兵了。结果，还没等曹彰赶到汉中，则到了长安，曹操就已经把大军撤回来了。

曹操为什么会撤军呢？原因有二。第一，不从汉中撤军会影响曹操的全盘布局。这也是曹操撤军最主要的原因。在汉中前线，曹操的形势比较尴尬，赶走刘备似乎不太可能，如果想打持久战，可能性倒是有，但时间上耗不起。如果汉中战事往后拖，那么东线的合肥、中线的荆州，还有大本营邺城，都容易出问题。任何一个地方只要有那么一点闪失，就是致命的。相反，汉中这个地方留着其实问题不大，毕竟自己进不去，刘备想出来也不容易，为了大局还是忍痛割爱吧。

第二，曹军士兵不断逃亡，兵无斗志。这也是曹操撤军的直接原因。虽然曹军军粮是不缺的，但汉水大败极大地打击了曹军的士气。再加上汉中地区地形险峻，作战条件艰苦，将士们的思乡之情日胜。于是，在思乡之情的驱使下，士兵们开始逃亡。

当然，曹操也曾经考虑过恢复肉刑，之前讲到过，那就是逃跑的士兵都要被砍掉一只脚，或是挖掉膝盖骨。但当时的朝臣都反对这么做，曹操也只好作罢了。这样一来一去的，曹操这边逃亡的士兵越来越多，终于让曹操撑不下去了。

其实，思乡的人怎么会只有逃亡的士兵，就连他们的最高统帅魏王曹操也是如此呢！有一天，一名值班将领过来问曹操今晚巡夜的口令。当时的军中设有门禁，看到陌生人过来了，需要对方回答口令才放行。曹操这时正若有所思，突然被值班将领打断了，一听是问口令，随口就答了一句“鸡肋。”值班将领愣了，不明白主公为什么要说这么奇怪的口令。

随军主簿杨修听到这个口令以后，自顾自地开始整理行囊了。大家都觉得很奇怪，问他是什么意思。杨修说大王要撤军了，来问的人更奇怪了，难道主公下令了？杨修嘿嘿一笑：“夫鸡肋，弃之如可惜，食之无所得，以比汉中，知王欲还也。”杨修确实很聪明，他知道现在的汉中对于曹操来说如鲠在喉，就像鸡肋一样，吃了没肉，扔了可惜，最后的结果肯定是要撤军的。

杨修确实没说错。建安二十四年（219）五月，曹操看战事没有任何进展，终于拿出了壮士断腕的决心，放弃汉中，全军撤回长安。

曹刘谁是赢家

曹操前脚刚走，刘备后脚就把汉中占了。到了这时，刘备的危险才算真正消除。当然，曹操主动撤走，并不意味着他在汉中惨败了。因为他在撤军之前还进行了大规模的移民，这是他第二次在汉中移民了。

第一次移民则早在建安二十年（215）。曹操占领汉中后，派杜袭将汉中郡的八万多人迁移到洛阳、邺城。而这一次，曹操又把武都郡的五万多户百姓迁移至扶风、天水二郡。这五万多户中以每户两人算，至少也有十多万人。所以，本次汉中争夺战准确的战果是曹操得到了人口，刘备得到了地盘。

在乱世里，人口是至高无上的珍贵资源，人口的价值并不低于地盘。整个三国时期，蜀汉地盘上的人口最少，它的国力最弱。尽管诸葛亮聪慧过人，算无遗策，却始终无法北伐成功。而魏国之所以强盛，人口多也是其中重要的一环。虽说蜀汉最后被灭掉不能说直接由人口问题造成，但必然是有联系的。国家的财富是由人创造的，想要得天下，必先得百姓，这个道理曹操比刘备看得更通透。

尽管曹操撤走了，但他并没有失分。也正是基于这样的考量，曹操尽管没了汉中，情绪一点都没波动。他只是担心刘备贪心不足，既得汉中又要关中。于是，曹操把雍州刺史张既叫过来，询问对策。张既回答道：“可劝使北出就谷以避贼，前至者厚其宠赏，则先者知利，后必慕之。”他的意思是，可以去做氐人的思想工作，让他们东迁到有粮食的地方去住，避开刘备。当然，还应该采取鼓励的政策，谁先迁走，谁得到的奖励就多。剩下的那些人看迁移出去有利可图，自然就跟上来了。

曹操采纳了这个建议，并派张既去办这件事。于是，张既去了武都，把上面提到的五万多户人家迁到扶风、天水交界处当永久居民。这就让刘备少了一大批的劳动人口。

当时的关中地区并不太平，武威的颜俊、张掖的和鸾、酒泉的黄华等，都占据了自己的老家，个个自称将军，且谁也不服谁。于是，关中地区就陷入了你打我，我打你，乱成一锅粥的局面。后来，颜俊觉得这么下去不是个办法，就把老妈和儿子送到曹操那里当人质，然后厚着脸皮请曹操出手，帮自己搞定那几个对手。

曹操又把张既叫来，问他怎么处理这事。张既说："俊等外假国威，内生傲悖，计定势足，后即反耳。今方事定蜀，且宜两存而斗之，犹卞庄子之刺虎，坐收其敝也。"意思是，这几个人都造反成性，在困难的时候个个老实得要命，等难关一过又会卷土重来。现在我们正在全力对付刘备，还是让他们继续斗下去，不管谁死谁伤，对咱们都是有利的。曹操同意了张既的看法。

果不其然，一年多后，颜俊被和鸾杀了，随后和鸾被王秘杀了。后来，这些地方的乱象渐渐消失了，移民们也真正在这块土地上休养生息起来。

刘备成了汉中王

拿下汉中以后，刘备就命孟达从秭归出发，进攻房陵。孟达能力不错，一举砍掉了房陵太守蒯祺的脑袋，拿下了这块地盘。房陵位于今天湖北省西北部，这个地方比较特殊，属于四川、陕西、河南、湖北四省交界之地，地势险峻，加上高湿高温的天气，所以是古代有名的流放地之一。由此可见，它对于汉中来说是非常重要的屏障。

刘备一看进展还挺顺利，又命令养子刘封从汉中沿沔水顺流而下，会同孟达一起攻打上庸。上庸太守申耽选择了投降。刘备当然高兴，加封申耽为征北将军，继续担任上庸太守，还把申耽的弟弟申仪拜为建信将军、西城太守。

没想到，申耽一个降将竟然成了刘备的“四征”将军之一。曹营的张辽有了逍遥津之战的大功，才升为征东将军。刘备就算是笼络降将，也有点太随意了吧？其实，不是刘备想这么随意，而是他这个时候手下人才匮乏，大量地盘刚刚到手，一切还很混乱，在人事任命方面只能就地取材了。本来申家兄弟是迫于形势投降的，那么就应该有所调整，至少把这两个人调到其他地方当太守，可是刘备偏偏没有这么做，让他们继续在原来的地盘上当老大。再加上这些地盘是与曹操对峙的前线，这就加大了意外出现的风险。

如果刘备冷静一点，让另外一些既忠心耿耿，又有军事能力，更能顾全大局的人来做这些地方的一把手，那么后来关羽的结局就不会那么悲惨了。如果关羽不死，刘备也不会发动夷陵大战。要是没有夷陵大战，蜀汉实力就能保全，刘备自己也可以多考虑一些治国方略。

不过，正在兴奋中的刘备并不会盘算这些，他就和当初曹操一样，取得一系列胜利以后，满脑子都是如何把自己的位子再拔高一点，为下一步成为皇帝打下基础。刘备匆匆忙忙地拿下汉中，安排好人事之后，立刻回到了成都的大本营。

建安二十四年（219）七月，刘备在沔阳设坛，在这里举行了一场隆重的称王仪式。从此以后，刘备就是汉中王了。戴上这顶王冠之后，刘备就把汉左将军印、宜昌亭侯的大印，以及一封信送到许都，郑重表示，孤现在是大司马、汉中王了，这几样东西对于孤来说已经没用了。其实，刘备此番做作，并不是要嘲讽汉献帝，而是向曹操示威。

成为汉中王后，刘备立长子刘禅为太子。刘备的儿子不像曹操那么多，儿子之间的年龄差距也比较大，所以立太子这事儿很顺利，根本就没有夺储之争的事件发生。随后，刘备还提拔了一大批下属，其中有一个就是魏延。

魏延镇汉中

跟刘备称王相比，另外一条消息更容易让人觉得莫名兴奋，那就是汉中王到底会派谁来守汉中呢，群臣对此议论纷纷。

汉中这个地方对于曹操来说是鸡肋，但对于刘备来说绝对是大餐，现在的天下，曹操占有九州，并且扬州、凉州各半。现在天下不是三等分，是五分之有其三，曹操是占了一多半了。

可刘备就不一样了，刘备现在只有一个益州可以傍身，如果天下分五份，刘备最多只有半份，剩下的一份半还得给孙权，对于汉中这块宝贝地盘，刘备当然要拼死保住。而且，汉中是益州的门户，中原想进来，或是刘备想杀到中原去，这是最快捷的通道了。汉中对刘备而言不仅是门户，而且是一个门牌，是表明自己身份的。再往前看，汉中可是汉室的革命根据地，当初秦末之时，刘邦的原封地就在汉中，所以汉中是汉室的祖籍。现在刘备出来走江湖，始终是以汉室传人的身份打天下的，他如果想名正言顺地称王乃至称帝，是必须占有汉中的。那么，刘备要派谁来把守汉中呢？

其实，人选就那么几个，就看汉中王选谁了。以当时刘备集团的人才储备来看，符合条件的有五个人，即关羽、张飞、马超、黄忠和赵云。关羽可以先排除了，他现在镇守荆州，不可能轻易换防。既然如此，汉中太守就会从剩下的四个人中选出了。

赵云被刘备视为托孤重臣不假，但他为人刚直，要赵云来当汉中督将，估计理顺人际关系就是一个难题。当然，也不是说赵云没有优点。赵云心性善良，但正是因为太过善良，所以刘备不喜欢，留在汉中的人必须是好勇斗狠之辈。

要是但从这一点来看，这个位置应该让给马超，马超很符合上面的条件，但他也不行。马超作战英勇，而且战斗经验丰富，看起来他就是汉中督将的最佳人选了。但是马超在归附刘备之前，曾经在凉州与曹操斗得风生水起。曹操曾经评价马超说："马儿不死，吾死无葬身之地也。"所以，马超是一名可以独霸一方的猛将，刘备自然对他有所戒备。对此，马超自己也心知肚明，所以一味低调。

那么，换成黄忠如何呢？虽然黄忠的年纪大了，但依然宝刀未老，在定军山之战中英勇地杀掉了夏侯渊，想来也可以算是一员猛将了。但是，想来想去，黄忠似乎之前没有领兵独镇一方的经历，再说年纪这么大了，这要有个万一，那汉中太守岂不是又要再选一次？

既然黄、马、赵都缺点明显，那么这个汉中太守肯定是张飞的了。不仅大家这么认为，就连张飞自己也认为他必定中选。

正在这时，刘备宣布了任命。出乎所有人的预料，刘备并没有在上面说到的这四个人中选择，而是挑中了牙门将军魏延，任命他为镇远将军，领汉中太守。消息一出，舆论大哗。

怎么会是魏延？魏延到底有什么业绩，就连《三国志》的作者陈寿也说不清，只是简单一笔带过。“魏延，字文长，义阳人也。以部曲随先主入蜀，数有战功，迁牙门将军。”

简单来说，之前的魏延并没有单独领兵作战的经验。而且，即使在平定益州之后，他也只是个牙门将军的头衔而已。但是，当时魏延的公众形象是比较明确的，这个人个性矜持孤傲、人缘不好，但和士卒的关系不错，身边养了一大批的心腹士卒。

就是这样一个人成了汉中太守。因为魏延之前的形象和经历，使刘备担心他不能服众，便专门为魏延开了个说明会。在会上，刘备当着所有人的面把魏延叫上来，郑重其事地问他：“今委卿以重任，卿居之欲云何？”刘备是问魏延，你当上汉中太守后，打算怎么做呢？

面对刘备的提问，魏延铿锵有力地答道：“若曹操举天下而来，请为大王拒之；偏将十万之众至，请为大王吞之。”魏延的意思是，如果曹操带了全天下的力量来，我一定为主公把他拒之门外，绝不让他跨进汉中一步。如果曹操派偏将带十万之众来，我就会为主公消灭他们。

刘备听了哈哈大笑，之所以选择魏延，就是因为他把汉中的局势看得很透彻。当时，以刘备集团的实力，主动去进攻曹操集团是不可能的事，所以汉中重任在于一个“守”字，也就是说，拒敌于汉中之外就是胜利了。魏延这句话可是做过功课的，不是一拍脑门想出来的，而是令众人信服的可行性方案。

所以，听完魏延的发言后，没有人对他当汉中太守有疑问或不服了。这一次刘备为魏延开的新闻发布会达到了预期效果，刘备就是要帮魏延树立威信。

魏延不是那种光说不练的假把式，他的防守方法很有创意，具体做法就是“实兵诸围，以御外敌，敌若来攻，使不得入”。即通过汉中地区的地形优势，弥补蜀军兵力不足的缺点，把敌人拒之于汉中之外。后来的事实证明，魏延的这个方案获得了巨大的成功，在魏延镇守汉中的十几年时间里（建安二十四年到蜀建兴十二年），虽然曹军多次来犯，但始终没有突破魏延设置的防线。

第九章

关羽北伐

荆州无战事

汉中的事务布置妥当以后，刘备心满意足地回到了成都，并且在那里又提拔了一大批人员。文臣方面，把许靖立为太傅，这个许靖就是当年和堂弟许邵一起搞“月旦评”的那一位，现在他已经辗转来到刘备这里。虽然贡献说不上太多，但刘备只是把他树为一个品牌人物，塑造自己爱才敬才的形象而已。

连许靖都能当太傅了，法正就更不用说了，立刻被任命为尚书令。这个职位堪比荀彧在曹营当中的职位。荀彧在曹操那里的地位有多高，这一点大家比较清楚。由此对比可知，法正此时在刘备心目当中的地位了。

武将方面，以关羽为前将军，张飞为右将军，马超为左将军，黄忠为后将军。至于其他臣僚也各有封赏。这时，诸葛亮虽然隐身在受封赏的其他臣僚里，却并不心塞，因为刘备拿下汉中后完全实现了“隆中对”提出的“跨有荆、益”的战略目标。这时诸葛亮的职务依然是军师将军，署左将军府事。但问题是，刘备现在已经把左将军的职务给退掉了，所以所谓的署左将军府事，实际上根本已经失去了存在的基础，诸葛亮此时就只是军师将军而已。从某个角度讲，诸葛亮的职位不但没有得到提拔，甚至是被削弱了。简单来说，在正史当中，这个阶段诸葛亮的地位并不高，他还没有到真正发光发热的时候。

当然，不是所有人都像诸葛亮这样高风亮节。在黄忠的提拔问题上，刘备就碰到了麻烦。好兄弟关羽很不满意自己的职位与黄忠并列。按说刘备现在的地位，任命将军的权力只能任命到前、后、左、右将军，别的位子还得当上皇帝以后才算合法。出现这个问题的原因是，有人觉得黄忠提拔上来了，自己应该位置更高才行。可是刘备暂时没有这个权力，所以他就只能暂时与黄忠同列了。对于这一点他很不服。究竟是谁敢到刘备那讨价还价呢？一想就知道，刘备集团里敢这么做的人只有刘备的好兄弟了，不是张飞，就是关羽。张飞自然不是，他已经被提拔了，所以这一位满心不服的正是关羽。

其实，早在讨论黄忠提拔问题的时候，诸葛亮就曾经提醒刘备，黄忠的名望不能和关羽、马超比。现在让他与关、马二人同一级别，问题倒也不大，毕竟马超、张飞天天和他在一起，亲眼看到了他的战功，估计也不会有什么意见。可是关羽久驻荆州，离得太远，对黄忠了解不多，听说他跟自己同列，恐怕心里会不高兴。刘备却不担心这个问题，说自有办法。刘备说的办法就是派费诗拿着任命文件到荆州去交给关羽。

费诗，字公举，犍为南安（今四川省乐山市）人。在刘璋时代，他是绵竹县的县令。刘备入川时，他举城投降，被任命为督军从事，后为牂牁郡太守，又拜为前部司马。此时，作为使者去给关羽送任命文件。

要知道，关羽的力量已经非常雄厚了。从建安六年（201）随刘备南征刘表到如今，即建安二十四年（219），算起来，关羽在荆州待了将近二十年，即便从关羽成为荆州留守开始，也有足足八年时间了。不夸张地说，荆州算得上关羽的第二故乡，他在这里有权有势，有地位，加上他又有性格，所以当费诗到了以后，关羽把自己的任命文件从头到尾看了一遍，当场就发飙了："大丈夫终不与老兵同列！"然后，拒绝接受前将军的任命。

这可如何是好呢？只见费诗不慌不忙，面带微笑，在旁边听着关羽的牢骚，也不反驳。等关羽发了一通火以后，费诗才笑着说："夫立王业者，所用非一。昔萧、曹与高祖少小亲旧，而陈、韩亡命后至；论其班列，韩最居上，未闻萧、曹以此为怨。今汉中王以一时之功隆崇汉室；然意之轻重，宁当与君侯齐乎！且王与君侯譬犹一体，同休等戚，祸福共之。愚谓君侯不宜计官号之高下、爵禄之多少为意也。仆一介之使，衔命之人，君侯不受拜，如是便还，但相为惜此举动，恐有后悔耳。"意思是，做大事业的人，所用的人不能都一样。萧何、曹参和高祖从小就是好朋友，从高祖起事的时候就跟着他，而陈平、韩信是后来的，按说这两位就应该排名在萧何、曹参之后，可是后来韩信的名位在萧何、曹参之前，也没听说萧何、曹参天天为这事儿怄气。现在主公把黄忠提拔上来，其实也只是用人的一个方法而已。在主公心目当中，黄忠岂能与您相比！关将军，您和主公的关系和兄弟一样，主公的事业就是您的事业，为什么还要分地位高下、俸禄多少。若是关将军不愿意接这个大印，那在下只能白跑一趟，又带回成都了！只是我以为关将军恐怕会后悔吧。

关羽一听，浑身一激灵，费诗说得真对，自己这是在闹脾气，怎么能在这么严肃的事情上为所欲为，真是太任性了。于是，史书上用三个字形容当时关羽的表现——"大感悟"。"大感悟"之后，关羽立刻接受了这份委任状。

事实上，伴随主公兼兄长刘备走到人生的顶峰时，关羽也开始进入他的事业巅峰期了。关羽在荆州的任务，诸葛亮早在《隆中对》时就写得非常清楚了，“天下有变，则命一上将将荆州之军以向宛洛”。这“一上将”当然就是指关羽，所以关羽的任务就是带着部队杀向许都，打向曹操的心脏地区。而事实上这些年来，关羽一直为此而努力着，从不懈怠。

自从刘备、诸葛亮到益州以后，荆州的主将就只有关羽一个人了。荆州这个地方非常敏感，是三股势力交汇的三角地带。北面的曹操是摆明了的敌人，随时有打上来的可能；东面的孙权虽然是签订过和平协议的联盟，但是大家都知道孙权比曹操更想得到荆州，更何况荆州是刘备向孙权写了借条拿下来的，从这个角度讲，孙权也是荆州天然的敌人。问题是，尽管局势非常复杂，随时有可能爆发大战，但荆州硬是安稳了好几年，这不能不说是关羽的功劳，不过，这并不是事情的全部。

荆州之所以几乎没受到战事的侵袭，更重要的是因为当时的外部环境气氛造就了这种暂时的和平。曹操这些年被关中、宜州的事情耗掉了太多的精力，先是马超挑衅，再是讨平张鲁，接下来又去和刘备争夺汉中。再加上岁月不饶人，曹操连北方很多事务还来不及系统整顿，所以根本没有时间和精力来和关羽争斗。

至于孙权，当然是想把荆州拿回来，只是碍于情面，特别是和平协定的束缚。更重要的是，曹操还在北方虎视眈眈，孙权必须和刘备做盟军，才能确保自己无后顾之忧。再加上之前鲁肃主政，鲁肃是坚决拥护孙刘联盟的。出于对鲁肃的信任和利弊方面的考虑，孙权是坚决不会和关羽闹摩擦的。当然，荆州作为曹、孙、刘三家犬牙交错之地，谁都不敢放松警惕。

在这样的形势下，关羽在荆州还真的几年没打仗，专心备战备荒了。当然，大家都知道关羽是个猛人，曹操、孙权尽管没有主动和关羽发生摩擦，但他们都知道关羽是个很有攻击性的人物，荆州是个随时会发生爆炸事故的火药桶，所以他们对关羽的防备都是超五星级的。在这种微妙的局势下，我们就得回头看一看关羽这些年在忙些什么。

关羽这些年

关羽绝对是刘备集团当中资历最老的人之一，和刘备的关系最铁，对刘备的贡献也最大。他一直以来都是刘备集团的首席大将，从刘备把荆州交给关羽就可以看出他在刘备集团中的重要性。到这个阶段，在刘备手下能独当一面的只有关羽一个人。在各种类型的三国故事中，除了诸葛亮之外，好像真的没人比关羽更牛了。不管是英雄事迹，还是人格品质，好像谁都比不过他。

当然，在正史中，关羽也是有七情六欲的。当年他和刘备还在曹操帐下的时候，曾一起去打吕布。吕布部将秦宜禄的老婆杜氏很漂亮，关羽看上了这个美女，便直接找曹操去了，要求把秦宜禄的老婆给他。曹操当然立马答应了下来，但是关羽还不死心，又反复地去找曹操谈这事儿。曹操本身就是好色之徒，觉得能让关羽如此挂念，这个美女必定有过人之处。曹操这么一想，心思就活络了，等城破以后，首先下令把秦宜禄的老婆带过来，一看果然漂亮，就留下来了。

关羽对这件事特别生气，但知道自己搞不定曹操，只敢生气，不敢作声，但是心底里却很想杀死曹操。有一次，曹操请刘备打猎，关羽也在场。关羽一看有杀死曹操的机会，就对刘备说："大哥，我过去想办法把曹操的脑袋砍下来吧。"可是当时刘备居然不同意，关羽虽然恨曹操，但是对自己大哥的话向来言听计从。既然大哥摇头，自己也就没动手。

但是关羽是一直记着这个机会的，再后来刘备和曹操翻脸了，被曹操撵得退到长坂，差点儿连命都丢了。到夏口和关羽会合后，刘备不住地唉声叹气，这个时候关羽恨恨地说道："以前若是大哥答应我，让我一刀把曹操给砍了，或是一箭把他放倒，那咱们现在还能是这种处境？"听了这话，刘备叹了口气："以前也是为了国家着想，只有曹操才能把握大局，我哪想到事情会发展到今天这个地步。"

这些小插曲和对话在正史当中都有明确地记载，由此也可以看出，关羽跟随刘备的时间很长，而且十分勇猛，多次想杀掉曹操。相比于诸葛亮开始时的一般表现，显然关羽更是一个综合型的人才。但是他也有一个毛病，那就是瞧不起有文化的人。也许他认为那些有文化的人只有嘴皮子功夫，一点实操经验都没有。所以关羽一听说有什么出名的文人，首先不是接纳，而是抗拒和排斥。

当年诸葛亮来了，他也向刘备提过意见，但刘备用一句"如鱼得水"把他给安抚下去了。后来马超投靠刘备没几天，关羽听说了马超的英雄事迹以后，很不高兴，立刻写了一封信给诸葛亮，问他马超那样的人可以和谁比一比。

诸葛亮何等聪明，为了维持来之不易的团结，当时就给关羽回了一封信，信中是这么说的："孟起兼资文武，雄烈过人，一世之杰，黥、彭之徒，当与益德并驱争先，犹未及髯之绝伦逸群。"信当中说到的孟起就是马超的字。诸葛亮是说，马超文武双全，实在是很难找到这样的人才，不过他只是和当年的黥布、彭越一样，可以和张飞处于同一个档次，哪比得上你。关羽接到这封信后看得哈哈大笑，那时刘备手下最牛的就是自己和张飞了，现在诸葛亮都站出来说张飞不如自己，看来自己的确是刘备集团中的第一牛人！

结合上面几件事可以看出，关羽这个人特别要面子，对如何维护自己的形象是非常上心的。当然罗贯中在《三国演义》中，把关羽的形象捧到了至高无上的地位。而且通过这本小说，在大家的心目当中，关羽就是神。这种神化在《三国演义》里另外一个精彩故事中被推到了极致和巅峰，这个故事发生在关羽主政荆州的时候。

关羽在一次战斗中被毒箭射伤，虽然箭伤好得很快，但是却落下了毛病，一到阴雨天伤口就特别疼，这种折磨后来都成周期性的了。关羽很难受，就找了一位医生来看，医生看后说到，将军这是因为之前那个箭头有毒，毒已入骨。虽说箭头已经拔了，但是毒没有去掉，若是要根治这个伤，就得做手术，把长好的皮肉再挖开，刮骨疗伤。关羽一听这么简单，那现在就开始做吧。

于是，关羽当场就把胳膊伸了出来，让医生动刀。做手术的时候，关羽还把手下请过来，摆开宴席大吃大喝。那边医生在刮他的骨头，血流如注，而这边关羽的另一只手动作不断，大块吃肉，大碗喝酒，似乎一点痛楚都没有。

这个故事说到这里其实还是靠谱的，因为正史当中明确地记载了这件事。《三国志》的原文是："羽尝为流矢所中，贯其左臂，后创虽愈，每至阴雨，骨常疼痛，医曰：'矢镞有毒，毒入于骨，当破臂作创，割骨去毒，然后此患乃除耳。'羽便伸臂令医劈之。时羽适请诸将饮食相对，臂血流离，盈于盘器，而羽割炙饮酒，言笑自若。”正是《三国志》的这一段记载，为后世留下了一个成语——刮骨疗毒。意思是说将深入骨头的毒液用刀刮掉，达到治疗的目的。后来，人们就用刮骨疗毒这个成语比喻意志坚强的人。

如果故事只到这儿，像史料记载一样就此结束了，那么一切还都是正常的。可是，接下来小说当中的发展就有点让人哭笑不得了。首先在《三国演义》里，关羽中箭的那条胳膊是右臂，而不是史料当中记载的左臂。另外，史料当中记载的医生只用了一个字：医，没说医生具体的名字。但是在《三国演义》中，罗贯中干脆让这个医生变成了华佗。

据史料记载，华佗是曹操老乡，沛国谯县人，是“建安三神医”之一。华佗的出名不仅因为他有极高的医术，搞出了五禽戏，更重要的他是发明了麻沸散，这是最早的麻醉用药，有了它就可以做外科手术。而且华佗还背着药箱到处帮人治病，跑遍了大半个中国。相比于张仲景，华佗更接地气、更深入民心，所以在后世老百姓的口碑当中，华佗的影响力显然是“建安三神医”当中最大的。但问题是，他已经在建安十三年（208）就已经去世了。曹操在去赤壁的路上，下令把华佗处死了。而关羽在荆州刮骨疗毒的故事，应该是在建安二十三年到二十四年（218—219）之间。这个时候华佗已经逝世十年了，又怎么可能穿越到荆州，专门为关羽动这个刀呢?

关羽北伐

建安二十四年（219）的前七个月，刘备集团一直高歌猛进。正月，老将黄忠在定军山杀死曹营汉中主将夏侯渊。三月，赵云取得汉水大捷。五月，刘备占领汉中，拿下上庸三郡。七月，刘备称汉中王，关羽受封前将军。

关羽就在这种情势下，决定主动向曹操势力发动军事行动。身为后来人的我们当然心知肚明，关羽这次的北伐成为他自己和刘备集团命运的转折点。不过，北伐并非关羽头脑发热的产物，而是他深思熟虑的结果。在关羽看来，曹操势力在这几年确实有很大的漏洞，有空可钻。

那么，曹操这几年都遇到了哪些烦心事呢？

建安二十一年（216），曹操晋封为魏王。这对于曹操而言本来是一件好事，可因为继承人的问题，内部差点儿分裂。好不容易到建安二十二年（217），曹丕成为太子，事情才得以平息。但是，树欲静而风不止。由于曹家父子篡位夺权的野心昭然若揭，到建安二十三年（218）正月，少府耿纪、太医令吉本、司直韦晃等一批忠于汉室的人在许都起兵反叛。他们的计划是胁持汉献帝，联系关羽里应外合，进攻曹操的大本营邺城。可惜，关羽根本没收到信息。

更要命的是，这几位造反的人，想端掉曹操的大本营简直就是笑话。虽说他们都在朝廷为官，但是手中没有兵权，其中职务最高的少府耿纪，是部长级别的高官了，他管的是宫廷后勤。而且，他们也没有手握兵权的人做助力。这样一来，反叛成功的可能性就无限趋近于零了。

事实再一次证明，搞政变不是一拍脑门就能办成的。耿纪他们趁夜攻打留守许都的丞相长史王必。王必受伤后逃出许都南门，迅速联系颍川典农中郎将严匡，之后二人合力捕杀了耿纪等人。耿纪、吉本、韦晃等人全部被灭掉三族，其他受牵连的人更是不计其数。

四月，代郡的乌桓人又造反了，曹操派儿子曹彰率军平叛。九月，曹彰才平定叛乱。到了十月，由于南阳郡徭役太重，宛城守将侯音聚众造反，占领宛城，还联络了关羽。

对此曹操大怒，命令樊城守将曹仁务必扑灭造反势力。一直到第二年的正月，曹仁才攻下了宛城，斩杀侯音。

然而，曹操的糟心事还没完。就在曹仁斩杀侯音的同月，也就是建安二十四年（219）正月，夏侯渊在定军山丢了脑袋，这件事也意味着曹操的三条战线全面告急。为了缓解危机，曹操在西线实施了战略收缩，从武都郡移民五万余户后，主动放弃了汉中。东线合肥这边，鉴于孙权把东吴的军事第一号牛人吕蒙放在陆口，预防关羽，自己时不时地率军骚扰一下北岸，曹操决定让张辽等人严加防守。

至于中线荆州，其实是最微妙也是最危险的地区。曹操的部将曹仁驻扎在樊城，面临关羽、孙权两方面的压力。无外乎曹操集团的扬州刺史温恢就对兖州刺史裴潜说："此间虽有贼，然不足忧。今水潦方生，而子孝县军，无有远备，关羽骁猾，正恐征南有变耳。"意思是，孙权虽然来了，但不足为虑，倒是樊城方向的曹仁会遇到大的麻烦。

温恢说的一点没错，樊城的曹仁确实遇到了头疼的问题，找麻烦的正是关羽。关羽正是看到了曹操的糟心事，又考虑到孙权是盟友，这才把目光投向了樊城的曹仁。

水淹七军

建安二十四年（219）七月，关羽命令南郡太守糜芳驻守江陵，将军傅士仁留守公安，自己亲率大军攻击樊城的曹仁。关羽的想法很简单，曹仁孤军在外，应该很好欺负。事实上，关羽这样判断也有一定的道理。这一年的年初，曹仁刚镇压了侯音的叛乱，手下没有多少兵力跟关羽硬拼。曹仁当然不是傻瓜，他并不打算死守樊城，而是向曹操呼救。

事实上，深谋远虑的曹操早已做好了安排。早在当年征汉中张鲁的时候，他就把平寇将军徐晃派到宛城，协助征南将军曹仁了。除此之外，曹操还留有后手，这个后手就是庞德。但是，对于这一点大家都是有疑虑的。当然，也不能怪大家，谁让庞德的旧主马超、兄长庞羲都在刘备帐下效力呢？庞德当然明白，于是就反复表明立场说："我就想找关羽单挑，反正大家不拼个你死我活不算完。"

后来，庞德和关羽交战，竟然一点不怕，有一次在战场上竟然射中了关羽的前额。战场上主帅受伤，对军心影响是巨大的，关羽的军士见庞德如此生猛，又骑一匹白马，心里害怕，索性直接把庞德称为白马将军。尽管庞德说他能与关羽一战，可庞德只是将才，派谁为主帅好呢？

接到曹仁求援信的曹操不禁有点犯嘀咕。这个时候，张郃留在汉中地区，徐晃驻守荆州另一战略要地宛城，而且已经在增援的路上。张辽、乐进正在合肥前线，"五子良将"当中只剩下于禁还在身旁了。于禁是曹操手下的资深将领，想当年曹操贪恋美色差一点儿被张绣打得全面崩盘的时候，正是于禁临危不惧，稳扎稳打，最后稳住阵脚，表现相当出色。曹操也曾当着大家的面赞扬于禁："虽古名将，何以加之。"后来，于禁又在平袁绍等战斗中表现出色。就是他了，曹操暗暗下了决心。

建安二十四年（219）七月，曹操派遣于禁率领七支部队，一共三万多人前往解救樊城危机。于禁到了以后，曹仁派庞德和于禁分别到樊城以北十里的平地屯兵，与樊城成犄角之势，相互支援，阻止关羽凶猛地进攻。曹军这边占了地利，关羽那边占了人和，庞德中间虽然射中过关羽的额头，但一时之间双方还是相持不下。进入八月以后，不料天气突然反常起来，连下了几场特大暴雨，汉水暴涨，开始到处泛滥，洪水高出地面好几丈。

这下，驻守在城北的于禁就倒了霉，他带来的军队驻扎在平地上，结果七军大营无一例外统统被大水淹了。于禁、庞德只好带人爬到高处躲避。

关羽那边就不同了，他毕竟驻扎荆州多年，对附近的气候、水文、地理比较熟悉，所以各项准备工作也比较充分。比如，洪水一来，关羽就派出水军趁机攻击于禁等人。

究竟谁才是曹操的忠臣

洪水滔天，于禁真是叫天天不应，叫地地不灵，慌乱之中他跑到一个小土堆上，但是很快就被关羽的水军围住了。他一看，这回是跑不掉了，只好投降了。对此，史书记载了一句话，“禁等穷迫，遂降。”一代名将终于晚节不保。

关羽一边派人捞起那些还没被淹死的曹兵，一边继续开始搜捕行动。很快，他们就发现了庞德和众将领所在的水堤。这时庞德身边已经没剩几个人了，关羽的士兵占了绝对的优势，而且还一边呐喊一边放箭。可是庞德也毫不示弱，“披甲持弓，箭无虚发”。虽然庞德的箭很准，但是也抵不过对方人多，这样对抗下去迟早是死。于是，庞德手下的两个偏将想投降关羽。庞德一看，毫不客气地上去挥起刀，就把这两个家伙当场斩了。

这场对抗从早上一直持续到中午，关羽的士兵攻势越来越猛烈，庞德那边箭已经射完了，可是庞德依然不动声色，就是不降。于是，立功心切的关羽的士卒们纷纷弃船登岸。双方开始了肉搏战。庞德也明白，最后的时刻到了，因为身边的士卒们已经纷纷投降了，最后身边留下跟随自己死战的只有三个人了。于是，庞德带上这三个人跳上身边的一条小船，准备强行突围，返回樊城曹仁的大本营。可水势太大，这只小船很快就被一个大浪打翻了。庞德狼狈落水，抱着颠簸的小船，很快就被擒获了。

庞德很快被五花大绑地押到关羽面前。士兵们要他跪下，但是庞德骨头很硬，誓死不跪。关羽看到庞德这个样子，非常欣赏，也顾不得去计较庞德射伤额头的事了，反而亲自上前做庞德的思想工作，热情地邀请他加盟刘备集团，他说："卿兄在汉中，我欲以卿为将，不早降何为！"

关羽爱惜庞德，想让他投降是真心真意的，但是关羽的手段和招数是比较糟糕的。关羽的士卒们又踢又打地想让庞德跪下，你说人家能没抵触情绪吗？再说，劝降也是一门语言艺术，说难听的和说好听的性质完全是两回事，结果也是截然不同的。如果换成曹操这种人，肯定会和颜悦色，主动上前给人松绑，然后自证清白，说自己这边才是代表正义的，你投降过来以后前途一片光明，让别人吃个定心丸才是。正所谓人要脸，树要皮，尤其是这种当将军的，他要的是尊严、面子。关羽上去就反问人家，你干吗不投降，这不是当众打别人的脸吗？

退一万步说，就算关羽态度非常亲切，庞德也是不会投降的。一来，庞德确实是个有气节的军人，意志非常坚强。二来，庞德家属都在曹操手里当人质，这是曹营的老规矩了。将士出征，家属留下，朝廷帮你照顾，具体待遇就看你在前线怎么表现了。所以从这个角度讲，庞德也是决计不会投降的。

所以庞德并不买账，听到关羽的劝降后，庞德立刻火冒三丈，破口大骂，喊出了“我宁为国家鬼，也不为贼将”的誓言。

看到庞德意志坚决，关羽也不再勉强。于是，一代名将庞德就此身首异处，为他的气节殉难了。

关羽搞定了七军，收编了于禁的三万步骑，脸上满是笑意。于禁投降的消息很快传回了邺城，所有的人听了以后都惊呆了，投降不奇怪，但投降的人怎么会是他？官渡之战的英雄怎么就成了叛徒？以治军严整著称的他，怎么就甘心做个降将呢？尤其是曹操，对于于禁居然不用别人做思想工作就投降了真是想不通。更加让曹操想不通的是，一个跟了自己多年的老将苟且偷生，而另外一个新加盟不久的庞德却宁死不屈，人的区别怎么这么大呢。曹操感慨万千，自己认识于禁也有三十多年了，怎么事到临头，于禁的表现反不如庞德。他的原话是：“吾知于禁三十年，何意临危处难，反不如庞德也。”

更让曹操生气的是，关羽收服于禁的方式很不给面子，你接受了别人投降，如果会做人的话，按理说多少应该给对方安排一份工作，哪怕是个虚职，而且要派自己人去监督，让这个降将手上沾点老东家的鲜血，这样才好死心塌地地跟着自己走。这些都是老套路了，以前无数人都做过。

然而关羽这两条路都没选，而是直接把于禁扔到监狱里去了。这就有点莫名其妙了，你这么做以后谁还敢来主动投降呢？或许以关羽当时的心态，是其他人降不降没关系，反正我搞得定。但实际上关羽恰恰忽略了人性的重要性，他的孤傲让身边帮他的人越来越少，而想趁机吃掉他的人却越来越多了。

比如于禁的几万步骑投降过来以后，首先碰到的是如何处理的问题。显然，关羽不像曹操那么腹黑，他倒没想过要杀掉这批人。一来，是春秋大义告诉他不能随便这么做；二来，这可是一支有生力量，杀掉多可惜，把他们哄好了，不就可以帮自己北上了吗？

问题来了，如果养着，这帮人的军粮从哪儿来？恐怕关羽也没有想过一下子能招这么多的降兵。附近的湘关好像是有，但是那里是孙权的地盘，按理说当时孙刘属于联盟，关羽完全可以争取东吴的同盟援助。可问题是关羽太孤傲了，他招呼也不打一声，直接派军队到湘关抢米去了。这件事情的影响相当恶劣，张飞只是抢了一个女人，而关羽抢的是同盟的面子。事实上，这个时候的孙权正愁找不到借口和刘备翻脸，听说关羽主动到湘关抢米去了，真是大喜过望，赶紧发表声明进行强烈谴责。说这番话的时候，吕蒙事实上已经白衣渡江去夺取荆州了。

反魏浪潮的兴起

关羽的胜利，对于曹操来说就是噩耗，因为荆州的局势变得非常凶险了。而孙权对此则是嫉妒。这么些年来孙权一直想北伐，但没有一次能冲过合肥。而关羽这么些年都不打仗，只打了一仗，成效就如此明显，这差距不是一般的大。消息传到刘备阵营的时候，却是一片沉默。也许这件事一下子来得太快，大家都还没来得及好好思考。无论如何，这场胜利让关羽的声名达到了顶峰。而需要曹操操心的局势也不仅限于荆州。

就在这一年，关中营帅许攸的带领手下人拒不接受曹操的领导，而且出言不逊。当然，这个许攸和当年官渡之战时立下大功的谋士许攸不是同一个人。正在为荆州战局感到困扰的曹操听到这个消息后十分恼火，想派兵去镇压。可是他万万没想到的是，群臣却劝他招安就行了。

可是曹操却很固执，把刀抽出来，放在膝盖上，脸黑着，表示拒绝接受。这个时候，留府长史杜袭站出来了，想要进谏。他以前曾被曹操派到关中安抚民众，对那边的情况最有发言权。可即便如此，曹操根本听不进任何建议，叫杜袭不要再说了。杜袭也很坚决，打定了主意偏要说。还好曹操对杜袭还是比较信任的，黑着脸发问："许攸慢吾，如何可置！"意思是，许攸不服我，你看怎么办？杜袭没有直接回答，却反问曹操："殿下谓许攸何如人邪？"这一下倒是把曹操问住了，想了想，回答说："凡人也。"杜袭一听，立刻就把话头接回来："夫惟贤知贤，惟圣知圣，凡人安能知非凡人邪！方今豺狼当路而狐狸是先，人将谓殿下避强攻弱；进不为勇，退不为仁。臣闻千钧之弩，不为鼷鼠发机；万石之钟，不以莛撞起音。今区区之许攸，何足以劳神武哉！"杜袭的意思是，许攸只是个没见过世面的小人物，何须兴师动众呢？而关羽举事，华夏震动，我们确实不应该避重就轻。

杜袭说得有道理，曹操采纳了杜袭的建议，不久之后就成功招安了许攸。

对于曹操来说，关中的事情其实还算好办，但如果中原腹心地带出事呢？那简直太恐怖了！但恐怖不等于不会发生。

建安二十四年（219）九月，也就是关羽出兵樊城刚刚两个月，曹操的大本营邺城就爆发了一场声势浩大的魏讽谋反案。

魏讽，字子京，沛国人，是曹操的老乡。他当时因为口才好，名动一时，被相国钟繇亲自提拔为西曹缘。据说，所有的人都被他的口才蛊惑，包括曹家的人。只有一个例外，这个人就是刘晔。不仅如此，刘晔还大胆预言，魏讽将来一定是吃造反饭的！

果然被刘晔说中了，魏讽真的很会挑日子，挑在了关羽北伐取得初步胜利的好日子里。这个时候魏国上下人心惶惶，魏讽就带了一大帮人，联络了一些名家子弟，比如“建安七子”之一王粲的两个儿子、名士刘廙的弟弟刘伟、当初把曹操搞得死去活来后来又投降过来的张绣的儿子张泉，以及长乐卫尉陈祎等人，阴谋攻占邺城。

结果，这当中看上去最有实力的陈祎中途变卦，跑到曹丕那儿告密去了。曹丕当然不会手软，立刻诛杀叛贼。受到牵连的人有几十人之多，就连德高望重的钟繇也因为看走眼，被免去了相国的职务。

魏讽谋反被镇压了，但是其中透露出的千丝万缕的关系，都令人不能小视。魏讽及他身边要造反的人，有一个共同的特点，就是他们和荆州都有联系，他们的亲人都曾经在刘表治下的荆州一起共过事。王粲曾经依附刘表，刘廙曾经被刘表辟为从事，张绣也曾经为刘表守卫了多年北大门。而这一切都在透露出不寻常的信息，无论魏讽是刘备的铁杆粉丝也好，是关羽安插的内应也好，都表明了一件事，那就是荆州人士对刘备是认可的。对曹操来说，这可真的是大大不妙。

九月魏讽这边的叛乱刚处理完，十月，陆浑人也开始起兵造反了。这些陆浑人杀死了县里的主簿，并向南进军，准备归附关羽。

关羽这一次非常大方，不仅给了孙狼封官，还帮其补充兵源。兵源从哪儿来？把于禁投降过来的步骑拨一部分给他们，让他们在曹操势力的心脏地区随便闹腾。于是，从许都一路向南，经常会冒出响应关羽的声音。这种情况让曹操非常紧张，甚至打算迁都，避开关羽的锋芒。

第十章

孙曹合谋荆州

孙曹的算计

后来，魏讽和孙狼的事儿终于被圆满解决了，与此同时，关羽的威望也与日俱增。曹操觉得自己这回真的挡不住关羽了，于是召集众人开会，商议迁都，以避开关羽。他的提议得到了大部分人的支持。唯有司马懿和蒋济二人表示反对。

他们对曹操说："于禁等为水所没，非战攻之失，于国家大计未足有损。刘备、孙权，外亲内疏，关羽得志，权必不愿也。可遣人劝权蹑其后，许割江南以封权，则樊围自解。"意思是，事情也许没有您想象的那么糟，于禁失败，只是为洪水所困罢了，并非战争本身的错。咱们虽然失去了三四万人，但这对魏国整体影响不大。如今孙刘两家外表看着亲近，内里钩心斗角。关羽打胜仗，孙权并不太高兴。我们可以派使者到孙权那里去，说服他抄关羽的后路，承诺事成之后他可得长江以南的全部地盘。这样，樊城就可自己解围了。

可能是曹操之前被刘备孙权联手打败过，所以教训太深刻了。脑子里已经形成了一种惯性思维，一想到孙权和刘备，就把他们当成一个整体。在这个思想前提下，孙权不支持刘备已经很不错了，哪可能来反过来帮曹家？但是，对于孙权这样的枭雄来说，只有永远的利益，哪来永远的朋友。现在刘备已经拿下益州，规模已经形成了，而关羽在荆州也做得风生水起。心胸并不宽阔的孙权能接受吗？肯定不能。从这个角度分析，孙权一定不会让关羽继续高歌猛进下去。所以，现在正是曹操和孙权联手改变局势的最好时机。

事实上，孙刘联盟也并不是铁板一块。早在几年之前，孙刘两家就已经发生过摩擦了。为了平息事端，东吴的鸽派代表人物鲁肃还亲自跑到关羽那里，进行洽谈。最后大家都冷静下来，才不情不愿地第二次握手。但双方争夺的焦点，也就是荆州问题，始终没有解决。不久鲁肃去世，接班的吕蒙是鹰派人物。他主政的时代向来是把关羽当成敌人的，是坚决主张以武力和刘备关羽对话的。吕蒙从上任的第一天开始，就已经在谋划着如何收拾关羽了。

以往吕蒙只是一员武将，自从听了领导的指示，勤奋读书以后，慢慢地就成了博学多才的儒将了，就连鲁肃活着的时候也对他刮目相看。儒将和武将最大的区别就是眼光和胸怀，这个时候吕蒙已经很有战略眼光了。

鲁肃一贯主张坚决维护孙刘联盟，他觉得曹操雄踞北方，战乱刚刚开始，孙刘两家应该互相信任，互相帮助，以免给曹操有可乘之机。所以他在世的时候，孙刘两家尽管摩擦不断，但最后也算是能互相体谅，找到平衡点。但事实上鲁肃的做派孙权不喜欢，比如上次单刀会关羽之后，鲁肃再也没有被安排过重大的事情，官职也没有得到任何提升。

在越来越强大的盟友刘备面前，鲁肃显然被孙权抛弃了，他已经没有用武之地了。《三国志》记载，“肃年四十六，建安二十二年卒”。意思是说建安二十二年（217），鲁肃去世了，时年只有四十六岁。所以，有史学家从这个角度，说单刀会以后鲁肃再也没有得到重用，不是他跟不上孙权的称霸步伐，而是出于身体原因。

但不管是什么原因，鲁肃的去世对东吴是一重大损失，就连他的敌人也在为他哀悼。诸葛亮听说了这个消息，在益州为鲁肃举行了隆重的哀悼仪式。诸葛亮哀悼和他一起促成孙刘联盟的朋友，两个人虽然分属敌我双方，但想法却是惊人的一致。

吕蒙接任后的形势大不一样了，他的观点和鲁肃完全不一致。鲁肃认为东吴势力不够，只有联合刘备才能克制曹操，而吕蒙却认为东吴势力的确不够，克制曹操是很困难，但是我们吃掉关羽很简单。如果拿下了关羽，长江防线不都在我们东吴手里吗？还怕什么曹操？一个主张联合关羽，一个主张吞并关羽，这就是东吴前后两任都督的差异了。

没过多久，孙权就给曹操写了封信，请求讨伐关羽，为曹操效劳。曹操当然也明白孙权的真实意图，只要孙权愿意对关羽背后下手，解除樊城之围，就完全可以接受。就这样，孙曹两方暗暗结成了反关羽联盟。

建安二十四年（219）在荆州上演的故事，其实就是浓缩版的三足鼎立。在这种复杂的局势下，采取守势确实是上策。因为谁先动手谁吃亏，可惜关羽没有意识到这一点，以为一切尽在掌握之中，一心一意要继续北伐了。

关羽兵围樊城

水淹七军后，关羽率军猛攻樊城。这个时候樊城依然被洪水围困着，城里开始进水，不少地方都崩塌了，城内也人心惶惶。可偏偏就是表面上羸弱不堪的樊城拖住了关羽的脚步，让孙权有机会在背后狠狠地捅了他一刀。这当中到底发生了什么呢？

实际上，一开始就有人劝曹仁趁着关羽的包围圈还没有彻底合拢，弃城坐小船逃走。曹仁有点犹豫，又有点心动。就在曹仁举棋不定的时候，同在城内的汝南太守满宠出来说了一番话，彻底打消了曹仁的顾虑。满宠说："山水速疾，冀其不久。闻羽遣别将已在郏下，自许以南，百姓扰扰，羽所以不敢遂进者，恐吾军掎其后耳。今若遁去，洪河以南，非复国家有也，君宜待之。"意思是，将军莫忧。洪水来也匆匆，去也匆匆，何惧之有？听说关羽已经派部将去郏地，许都以南的地方也有百姓响应关羽，可关羽却不敢长驱直入，究其原因，就是怕我们从背后袭击他。如果我们不战而退，放弃樊城，洪河以南的地方就不再是我们的地盘了，请您再坚持一下吧。

曹仁作为曹家军第一将领，能力是不容置疑的，一听满宠这话立刻就清醒了。为了表达与这座城池共存亡的决心，他把自己的白马沉入汉水，与将士们一起立下盟约，誓死保卫襄阳郡。决心是有了，但是困难也不小，城外关羽的包围圈越收越紧，这就是比耐力、他毅力的时候了。

曹仁虽然被包围，但是曹操是绝对不会丢下他不管的，一定会派出援兵。事实上，曹操除了采用外交手段怂恿孙权从背后进攻关羽之外，还亲自率领主力抵达了摩陂（今河南省郏县以东），下令从各地抽调精锐力量前来增援，甚至远在合肥的张辽都接到了命令。很快，这股援军的先锋就跟关羽的部队相遇了。

危险正在靠近

曹操放弃了迁都的计划，率领大军南下解救樊城。驻扎在宛城的徐晃最先与关羽接战。其实，早在于禁兵败的时候，徐晃就到了阳陵陂。待洪水退后，徐晃加快了进军速度，在郾城与关羽军相遇了。

古语说，仇敌相见，分外眼红，可徐晃并不急于进攻，而是命令部队安营扎寨，一边和关羽的部队对峙，一边选择地形挖壕沟，并且扬言要一直挖到郾城以南，切断关羽部队的后路。关羽的部下不知是计，直接放弃郾城逃了。徐晃就这样不费吹灰之力占领了郾城。

看到徐晃获胜，他手下的诸将群情激奋，认为应该大胆推进，解救处于水深火热当中的曹仁。

别说徐晃的手下了，就连曹操的手下也有大把人持有这种观点，大家都劝曹操，要是不抓紧时间，我们就完了！曹操也倾向于这样做。但侍中桓阶对此不以为然。他分析道："今仁等处重围之中而守死无二者，诚以大王远为之势也。夫居万死之地，必有死争之心。内怀死争，外有强救，大王案六军以示余力，何忧于败而欲自往？"他的意思是，曹仁是能死守的，将士是能用命的，城外又来了强援，个个都在努力战斗。您只需要监督他们就可以了，何必因为担心失败而非要亲临战阵呢？

曹操之前是关心则乱，听了桓阶一番入情入理的分析后，决定采纳桓阶的意见，自己驻扎在摩陂，派殷署、朱盖率领十二营军队赶到徐晃那里，听从徐晃的指挥。

徐晃那边也有明白人，这个明白人就是监军赵俨。面对众将的质疑，赵俨站出来解释道：“今贼围素固，水潦犹盛，我徒卒单少，而仁隔绝，不得同力，此举适所以敝内外耳。当今不若前军逼围，遣谍通仁，使知外救，以励将士。计北军不过十日，尚足坚守，然后表里俱发，破贼必矣。如有缓救之戮，余为诸君当之。”意思是，如今敌人把樊城围得像铁桶一般，而我军势单力薄，仓促出兵救援，于内于外都不利。不如前军进逼包围圈，暗中派细作通报曹仁，让他知道城外救兵已到，以此激励将士。算来主公的援军也将赶到，城内兵将在这段时间里足以据城坚守，到时候里应外合发起攻击，敌人必然会被打败。如果有救援迟缓的责任，我愿担责。

一番话说得头头是道，大家都纷纷点头。于是，徐晃一面继续派人挖地道，一面派人用弓箭把书信射入城中，通报曹仁北路援军也将迅速赶到了。

徐晃这边兵力在逐渐增强，关羽那边却浑然不觉。但危机已经悄然而至了。

关羽的危机首先来自内部。一来，荆州将帅不和，埋下隐忧。关羽出兵北伐时让糜芳他们留守，并且负责保障后勤。几万人上前线，开销自然是巨大的，后勤有时会跟不上。每到此时，关羽就会发脾气，还把“等我回来就修理你”这句话放在嘴边。所以，在关羽手下当将领是比较难受的。糜芳他们经常被关羽骂，心里一直不太服气，这也为后来他们的叛变埋下了伏笔。

二来，关羽此次北伐属于孤军深入，没有后援。水淹七军后，关羽抽调荆州兵力支援樊城前线，使得自己的后方空虚。又加上刘封、孟达屡次以上庸三郡归附不久为由拒绝关羽的合作请求，这就决定了关羽一旦在前线失利，就有死无葬身之地的可能。

当然，刘封、孟达的问题，如果关羽头脑够清醒，还可以通过刘备来协调。不过，他对盟友问题的不当处理，直接引发了他人生的外部危机。

此外，关羽的危机还来自于盟友即将背信弃义。缺粮是关羽本次北伐的突出问题，原来关羽自己就吃不饱，水淹七军后又一下子投降过来了这么多人，该怎么办呢？关羽简单粗暴地解决了这个问题，那就是抢盟友孙权的粮食。这当然是要得罪人的，也许这就是孙权写给曹操那封约定共谋关羽的信的导火索。

其实，关羽与东吴诸君的恩怨属于“冰冻三尺非一日之寒”的那种，关羽向来瞧不起东吴那群人。不过，由于东吴的军事统帅鲁肃克己待人，关羽和他们还是维持着和平共处的关系。

等鲁肃去世后，吕蒙接替了他的位子。吕蒙的观点和鲁肃完全不一致，鲁肃认为东吴势力不够，只有联合刘备才能克制曹操，吕蒙却认为东吴势力的确不够，克制曹操是很困难，但是灭掉关羽很简单。如果拿下了关羽，长江防线尽属于我东吴，还怕什么曹操？

孙权也是一位有进取心的豪杰，他心里很清楚，只有拿回荆州，将长江天险全部纳入自己手中，才能在三足鼎立当中立于不败之地。而益州这个天府之国也是他势在必得的。刘备在荆州、益州的问题上多次耍自己，真是让人烦透了。关羽也不是什么善类，早前孙权曾经为了加强联盟关系，还专门派人为自己的儿子向关羽的女儿求婚。

要知道，联姻一向是巩固政治联盟的有力手段。关羽不会不清楚这一点，可他却当场把媒人大骂一顿，说关某的女儿哪能嫁给江东鼠辈。孙权听了非常生气，但也没什么办法，因为关羽的实力摆在那儿，再说也不能轻易跟刘备撕破脸。

直到关羽离开大本营进攻樊城的时候，孙权还专门派了人去见关羽，说自己可以提供援助。关羽当然很高兴，可没想到的是，孙权说的只是客套话而已。身为一方霸主，孙权当然不会食言，还是派出了部队。但是，部队出发前他特意交代他们，行军速度不要太快，随后又派了主簿去见关羽，说部队已经开拔了。

开始关羽还是挺高兴的，可最后发现味道不对了，等曹营七军都被水淹了，于禁投降，孙权的部队还在半路上。这下关羽终于明白了，江东鼠辈果然在忽悠自己，于是破口大骂："你们竟然敢这样骗我！等我打下樊城，就去消灭你们。"

从那以后，孙权对关羽算是深恶痛绝了。于是，关羽马上要直接面临两家敌人的围攻了。只不过他现在一点不把东吴放在心上，眼睛只盯着北方的曹操。这是关羽最错误的地方——只看到明处的枪杆子，却看不到阴暗角落里的刀把子，这种粗枝大叶的性格令他最后的下场很难看。

吕蒙的阴谋

东吴方面和关羽对抗的人主要就是吕蒙。吕蒙很清楚，长江天险现在是孙刘共有，自己在下游，关羽在上游，要是明着和关羽冲突，最后吃亏的是自己。所以，虽然在心里很想直接开打，但表面上吕蒙依然和关羽保持着友好的关系。

其实，吕蒙如此处心积虑地打击关羽，不仅是为主公孙权分忧，更是为了实现自己的志向。早在鲁肃还在执行安抚关羽的政策时，他就已经坚定不移地持反对意见了。鲁肃去世后，吕蒙对孙权说："今令征虏守南郡，潘璋住白帝，蒋钦将游兵万人循江上下，应敌所在，蒙为国家前据襄阳，如此，何忧于操，何赖于羽！且羽君臣矜其诈力，所在反覆，不可以腹心待也。今羽所以未便东向者，以至尊圣明，蒙等尚存也。今不于强壮时图之，一旦僵仆，欲复陈力，其可得邪！"意思是，主公，您现在派征虏将军孙皎守南郡，令潘璋守白帝城，命蒋钦带一万部队在江面巡游，哪有敌人就开到哪里，而我就在襄阳那里镇守，这样，咱们根本就不用担心曹操，更用不着依赖关羽。关羽和他的主公刘备为人狡猾多端，行为反复无常，咱们根本不能把他们视为可以信赖的对象。现在关羽之所以不和咱们对抗，那是因为主公您的英明，以及还有我们这些人存在。如果在我们这些人还可以上战场的时候不把关羽打倒，以后时间拖久了，谁还可以和他对阵？

孙权当然明白吕蒙的苦心，他肯定了吕蒙的话，还把自己的想法说出来和吕蒙探讨。孙权告诉吕蒙："今欲先取徐州，然后取羽，何如？"吕蒙对这个想法并不看好，答道："今操远在河北，抚集幽、冀，未暇东顾，徐土守兵，闻不足言，往自可克。然地势陆通，骁骑所骋，至尊今日取徐州，操后旬必来争，虽以七八万人守之，犹当怀忧。不如取羽，全据长江，形势益张，易为守也。"意思是，现在曹操远在河北，正集中精力整治冀州的事务，无暇东顾，而徐州守兵也没有多少，咱们大军开过去肯定可以胜利拿下。只是徐州地势平缓，陆地交通十分发达，便于骑兵征战。若是咱们现在拿下徐州，没几天曹操又来争夺，即便咱们派了七八万人去防守，恐怕也是很困难的，不如一心一意去打荆州关羽。等搞定他以后，长江天险就全部控制在咱们手里，就什么事都好说了。

孙权是一个很愿意听取别人意见的人，就肯定并听从了吕蒙的计谋。关羽的警惕性也很高。他决定北上进攻曹仁的时候，还专门留了很多部队在公安和南郡驻防，为的就是防止吕蒙在背后踢自己一脚。关羽这些年来和鲁肃打过交道，知道鲁肃为人厚道，和吕蒙也打过交道，但是对他的印象就非常糟糕。他知道吕蒙必是一个阴险狡诈之人。四年以前吕蒙曾派兵奇袭长沙三郡，关羽怎么可能会忘记。

吕蒙很快就知道了关羽的布置，郁闷得不行，知道自己只要还在这儿，关羽是不会放心的。只有彻底打消关羽的顾虑，才能为夺取荆州三郡创造机会。于是，吕蒙就秘密地向孙权上书了："羽讨樊而多留备兵，必恐蒙图其后故也。蒙常有病，乞分士众还建业，以治疾为名，羽闻之，必撤备兵，尽赴襄阳。大军浮江昼夜驰上，袭其空虚，则南郡可下而羽可禽也。"吕蒙的意思是，现在关羽虽然去讨伐曹仁，但依然留了很多部队守着后方，比如糜芳等人。这明摆着是怕咱们在后面偷袭他。我身体一直不太好，正好可以请个病假回建业养病。关羽听说我离开了，就会把防备咱们的部队调到襄阳前线去。到那个时候，他的后方必定空虚，咱们拿下南郡就会非常轻松，抓住关羽也不成问题。

孙权批准了吕蒙的计划，公开下令征调吕蒙回建业养病。这个消息很快就传到了关羽那儿。当然吕蒙回到建业后没有进入医院，而是立刻低调地溜过去找孙权，偷偷地和孙权密谋搞定关羽的最后方案。

吕蒙计划的第一步已经顺利完成了，可是问题就出现了，吕蒙回来了，谁到陆口那儿执行下一步的计划呢？这可真是一个难题。如果这个人选错了，之前所有的计划统统会无效。不过，不用担心，因为吕蒙在回建业的路上经过了芜湖，在芜湖这里他见到一个人，这个人看上去能够帮他实现全盘的计划。

陆逊来了

吕蒙称病假意要回建业修养，来到芜湖的时候，见到了定威校尉陆逊。

陆逊，字伯言，本名陆议，出身江东世族大家。他幼时丧父，跟随叔祖庐江太守陆康生活。兴平六年（194），袁术向陆康征三万斛军粮，陆康一句话甩回去了，不给。袁术很生气。当时孙策刚刚来袁术手下没多久，想着向袁术讨回自己父亲孙坚留下的兵。狡诈的袁术就用这个筹码当交换条件，把孙策派出去了。袁术承诺，你去庐江把陆康搞定了，只要你搞定他，你就是庐江太守，你老爸的兵也还给你。

于是，孙策兴冲冲地带上部队出发了。陆康当然不是对手，只能选择死守。不过，陆康在庐江还是很得民心的，手下的将士们也为他拼命守城。但毕竟水平有限，在硬扛了一段时间以后，庐江还是失守了。没过多久，陆康本人也病死了。在与孙策对阵之前，陆康就命陆逊带着亲族回东吴了。陆康去世后，他的儿子陆绩还年幼，于是陆逊就成了一家之主。几年之后，孙策也去世了，江东进入孙权时代。孙权掌权不久，就开始到处招贤纳士。

于是，陆逊就进入了孙权的幕府。陆逊家世渊源比较厚重，他的叔父陆绩、外甥顾邵在东吴人士当中是以博览群书出名的。陆逊的知名度在陆绩和顾邵之后，但也是相当了得的。

陆逊看上去更像是一个职业的学问家，长得不威武，但内涵很丰厚。这一点，如果不是他熟悉的人，根本就看不出来。就算机敏如吕蒙也是如此。

这次吕蒙宣称自己有病，从陆口回建业，途中正好经过芜湖。芜湖是陆逊的地盘，于是陆逊急匆匆地去求见吕蒙。一见面刚寒暄两句，他就不无忧虑地对吕蒙说：“关羽接境，如何远下，后不当可忧也？”陆逊的意思是，您那里和关羽是接壤的，关羽野心勃勃，您作为前敌总指挥怎能轻易离开？不怕关羽捣乱吗？吕蒙一听，心中微微一动，看起来陆逊倒是一个很有忧患意识的将领，但是天机不可泄露，于是找了个托词：“诚如来言，然我病笃。”意思是，你说得很有道理，可惜我身体不好，病得太重了。

陆逊一听这话，立刻就急了，把自己的想法一股脑全部和盘托出：“羽矜其骁气，陵轹于人，始有大功，意骄志逸，但务北进，未嫌于我；有相闻病，必益无备。今出其不意，自可禽制。下见至尊，宜好为计。”意思是，关羽那人最大的特点就是骄傲，向来看不起别人。刚刚取得了大胜（指水淹七军），更是志得意满。现在他一心一意地去攻曹仁，对咱们一点不在乎。他听说您病了，一定不会防备咱们。这时如果咱们出其不意，发动袭击，必可一举成功，打败关羽。您回去见到主公的时候，应该好好地为主公谋划这件事。

陆逊这番话和吕蒙的计划有九成都已经贴合了。要知道，吕蒙在搞这个方案的时候非常机密，只有他自己和孙权知道，没想到陆逊这样一个局外人也能看得这么通透。想到这些，吕蒙心里不由得一阵激动。

不过，这个秘密暂时不能揭破。于是，吕蒙继续找托词：“羽素勇猛，既难为敌，且已据荆州，恩信大行，兼始有功，胆势益盛，未易图也。”他的意思是，关羽太过生猛，谁都不是他的对手，现在占据着荆州之地，深得民心，又刚刚大胜一场，实力更胜从前，哪是说想搞定就能搞定的?

很快，吕蒙就回到了建业，然后，他偷偷去拜见了孙权。孙权当时就问了：“谁可代卿者？”吕蒙借着这个话头，毫不犹豫地向孙权推荐了陆逊：“陆逊意思深长，才堪负重，观其规虑，终可大任；而未有远名，非羽所忌，无复是过也。若用之，当令外自韬隐，内察形便，然后可克。”意思是，陆逊有才，可以担当大任，别看他现在一点名气都没有，但实际上这是好事，关羽对他会更加放心，更不把他放在眼里。我们把他派过去，就可以彻底麻痹关羽。这样我们看准时机，动手就可以一举拿下荆州了。

其实，孙权对陆逊原本就很有好感。前几年打山越人的时候，陆逊的处理方式就让各方都很满意。现在看到吕都督也这么大力推荐，孙权也就下定了决心，立刻提拔陆逊为偏将军、右部督，让他取代吕蒙负责荆州事务。

陆逊果然不负众望，一来到陆口，就写了一封信。信是给关羽的，大意是说，关将军，以前和您作对的吕蒙病重，已经被送回建业休养了。我是晚辈，刚来到这里，很多情况还不很熟悉，水平也有限，请关将军务必多多关照！当然，除了这些，陆逊还把关羽大大称赞了一番，送了无数顶高帽子。

关羽一看到这封信，比以前看到诸葛亮称赞他比马超强的那封信还要高兴。这么一高兴，关羽心中残存的那些警惕性就彻底丧失了。

一错再错

陆逊来了，可是关羽的警惕性却越来越低，他觉得陆逊已经不是问题了，和吕蒙相比，陆逊根本就是一个不知名的小字辈。关羽现在的目标不是东吴，而是襄阳和樊城。对于刘备集团来说，只有夺取襄阳和樊城，才能够攻击曹操。于是，早在水淹七军之后，关羽就把手下的兵一分为二,一支由他来率领，死死围住曹仁驻守的樊城；另外一支则包围了吕常驻守的襄阳，奠定三国版图的襄樊之战就在这种形势下悄悄展开了。

关羽的北伐军人数原本就不多，再一分为二，实力就更单薄了。当然，关羽也意识到了这一点，他在打樊城的时候就觉得兵力相当紧张，曾经要求刘封和孟达等人就近支援，可没想到人家偏偏不买他的账，说上庸、房陵等三郡好不容易到手，地位还不稳固，我们这里还需要花大力气来整治。

这样一来，关羽就可能陷入孤军深入、后无援军的悲惨境地。这次陆逊的示好让他放松了警惕，向樊城方向增兵，又造成了荆州后方的空虚。然而，这并非关羽唯一的错误。

关羽这时真的太忙了，忙着联络曹操领地的各方造反势力。可惜效果很差。虽然陆浑人孙狼造反之后，许多以南很多地方都响应关羽，但这些人并没有形成一股合力，反而很快被曹操镇压了。这样一来，相当于关羽做了很多无用功。此其一。

其二，水淹七军后，樊城里已经想弃城的曹仁，某一天突然发现，城外进攻的脚步突然停下来了，原来关羽要中场休息了。没错，关羽要回趟南郡，要用战船把于禁的三万降卒送回江陵。虽然乱世中人口是宝，降卒更是兵源的有效补充，但为了不能作战的降军，就耗费那么多的人力资源。而且，本来自己是有优势的一方，却没有乘胜追击，而且主动放弃了进攻，这不得不说是关羽失策了。

其三，回到荆州大本营后，关羽与糜芳、傅士仁的矛盾激化了。这也成为关羽败走麦城的直接原因。知道关羽要回来的消息后，糜芳和傅士仁开始发愁了。要是关羽再因为军粮供应的事训斥他们，他们该怎么办呢？其实，挨训还是小事，要是当众处罚自己可怎么是好？他们俩都算是当地重要的将领，糜芳更是和刘备有亲戚关系，居然会害怕成这样，可见关羽平常对他们的责骂是相当不留情面的。不出所料，回到南郡的关羽就把这两位叫到江陵，当着大家的面狠狠地骂了他们一顿，并扬言一旦拿下樊城，就会从快从重处罚他们。这两个人一听都怕了。

关于荆州内部不和谐的事情，陆逊很清楚；关羽把部队调入樊城前线，只留下糜芳和傅士仁两个反对党在后方驻守，陆逊也很清楚，而且相当高兴。陆逊立马给孙权写了封信，把江陵兵力空虚、将帅不和的情况告诉了孙权。孙权看完信，高兴地和吕蒙分享了这个消息。

开心之余，孙权立刻下令出兵！吕蒙也不含糊，立刻调集精锐部队逆江而上。当然，吕蒙是何等心思缜密的人，他采用的是极为隐蔽的方法。这一年年底，吕蒙的部队来到寻阳之后，士兵全部脱下军装，穿上平民穿的便服躲在船里，而且连船工都是临时招募的老百姓，让人以为这就是东吴的外贸船队，而这支船队向上游开过去是不会引起注意的。

吕蒙的军队开始行动，也就意味着关羽的好日子彻底到头了。从这时开始，关羽便陷入了两线作战的泥潭。他一面要继续进攻曹仁，一面又要应付吕蒙背后的偷袭，获胜的难度可想而知。局势发展成这样，关羽自然要负主要责任。如果关羽能避免上面的错误，他最后还会落得“大意失荆州”的下场吗？

徐晃大战关羽

孙权的动作很快，他一方面让吕蒙带兵偷袭荆州，另一方面热情洋溢地给曹操写了一封信，表示自己愿意不计前嫌，全力配合曹操在背后袭击关羽，不过这事儿千万要保密，千万不要泄露出去。

孙权想利用关羽在襄樊战场和曹操死磕，自己坐收渔利。曹操又不是傻瓜，当然不可能成全他。拿到这封信后，曹操不像往常一样束之高阁，而是郑重地开了一个会议，公开问大家该怎么处理。看完这封信，大部分与会者都表示应该保守秘密，只有董昭站出来表示反对：“军事尚权，期于合宜。宜应权以密，而内露之。羽闻权上，若还自护，围则速解，便获其利。可使两贼相对衔持，坐待其敝。秘而不露，使权得志，非计之上。又，围中将吏不知有救，计粮怖惧。傥有他意，为难不小。露之为便。且羽为人强梁，自恃二城守固，必不速退。”他的意思是，诸位差矣，我们要根据情况的变化而变化。可以答应孙权一定保守秘密，但是在暗中一定要把消息透露出去，必须让关羽知道。如果关羽知道后能撤回去，樊城就没什么大事了，我们的目的就达到了。关羽回去以后肯定和孙权玩命，我们只是围观，等他们俩两败俱伤，我们就可以坐收渔之利了。

如果按孙权的意思，现在保守了这个秘密，对他是很有用的，可是对我们这边，尤其是对樊城里边的守城士卒是没用的。如果让他们长期没有希望，只剩下绝望的话，就更不愿意拼命打仗了。

一番话把曹操说得喜上眉梢，这才叫主意，这才是自己开会的目的。会后，曹操就下令徐晃按董昭的计策执行。这时，徐晃已经推进到离关羽围困樊城的部队只有三里远的地方。按理说，对于这种欺负到鼻子底下的事儿，关羽应该暴跳如雷才是。可奇怪的是，关羽的军队居然没有什么强烈的反应。更离谱的是，就在关羽的眼皮子底下，徐晃的前哨部队居然挖了一条地道，一直通到了城下，然后这帮人爬出地道以后就开始射箭了。他们射的是带密信的箭，密信指的就是孙权那封了，而且射的方向不是单向的，而是双向的，既向城里射给曹仁的部队，也向城外射向关羽的营中。

曹操这一招确实厉害，他比谁都清楚，现在关羽在这里力量太强大了，曹仁的部队已经到了崩溃的边缘，虽然徐晃率一支部队前来支援，但力量不足，不敢轻举妄动。不玩计谋，这支部队依然会被关羽打败，所以不但要让城内的人士气高涨，更要想办法把关羽的士气打击一下。如果关羽知道孙权在背后袭击自己，肯定会着急撤军。等关羽一撤，这事情就不由得关羽控制了。

果不其然，被围的樊城士兵得信以后，知道曙光就在城外，士气倍增，防守更严了。关羽得到信以后，却开始犹豫了，他不相信也不敢相信这封信是真的。以前驻守陆口的鲁肃是个老实人，和自己关系一直不错。现在接班的吕蒙是个病号，看样子待人也挺和气。这一次打仗之前，他还曾经多次和吕蒙联系。但关羽显然不知道吕蒙除了是个病号，还是一个演技高超的演员。在关羽看来，曹操是敌人，怎么可能对自己说真话呢？这封密信可是曹军射给自己的，不可能是真的秘密，如果自己给吓跑了，放弃了樊城，到手的胜利果实立刻就会化为乌有，那就太不划算了。

关羽犹豫不决，进也不是，退也不是，进攻的力度就这么放松下来了。关羽宁肯相信戴着面具的盟友，也绝不相信说实话的敌人，他决心赌一把，继续进攻樊城，换取更大的胜利。关羽忘了，这个世界上没有永远的朋友，也没有永远的敌人，朋友同样可能在背后捅刀子，敌人也有可能给你递筷子。进攻樊城，关羽就等于把最后一次挽救自己的机会浪费了。

关羽很犹豫，可徐晃一点也不犹豫，行动表现非常出色。他的队伍比关羽少，作战经验比关羽弱，如果硬碰硬那是找死，所以徐晃的战略是稳步推进，不断地挖战壕、挖地道。如果关羽脑子灵活一点，立刻出兵，把徐晃痛扁一顿，估计徐晃就会变成陆地上的于禁了。可是关羽的胆子突然小了，听说人家要断自己后路，在挖地道，也不看力量到底有多大，居然怕了，把军营烧了，直接退走了。徐晃就这样轻松地向前迈进了一大步。

在樊城之外，关羽的主力部队驻扎在一个山头上。正是出于这个原因，之前洪水泛滥的时候，关羽的部队才没有受到损失。而其余的部队，也分成四个部分，分别驻扎在四座小山上。史料上说，关羽驻扎的位置叫围头，而另外四座小山被统称为四冢，这种布置是对的。因为几座山头之间可以互相呼应，敌人攻取了其中任何一座山头，其他山头都可以对敌人来个反包围。

徐晃来了，研判了一下形势，看样子硬攻是不行了，必须得用脑子。于是，他派手下到处去喊口号，高喊打到围头去，活捉关云长。关羽很快听到了这个口号，居然率领主力部队就等在围头那儿了。哪知道徐晃喊的口号根本就是忽悠。看到关羽兵发围头，徐晃他立刻命令手下的部队悄悄出发，猛扑那四座小山头。那四座小山头只是分支部队，不是主力，哪里扛得住徐晃的猛攻？很快，四冢要守不住的消息传到了关羽那儿。关羽这个时候已经乱成一团麻了，如果四座小山头完蛋了，恐怕自己这里就要成为孤军了，得赶紧去救。

但他这么一救，又出问题了。这种救援，派手下一个将领去就可以了。作为三军主帅，你的一举一动决定了军心稳定的程度，怎么能轻易移动呢？可是关羽太骄傲了，他偏要自己亲自率领军队去救，更要命的是，他仅仅带了五千人就出发了。

关羽万万没想到，他走的正是之前定军山夏侯渊的老路。关羽之前投降过曹操，在官渡之战的时候和张辽、徐晃的私人关系都还算不错。既然曾经是朋友，在战场上又见面了，要不要打个招呼呢？当然要。根据史料记载，关羽和徐晃见面以后，没有直接开打，而是先聊了会儿天，一起回忆过去的美好时光。正当关羽沉浸在美好的回忆之中，对面的徐晃突然收敛了笑容，回过头去高声喝令："得关云长头，赏金千金。"关羽大吃一惊，明显没反应过来。可徐晃却拉下脸，一本正经地说这是国家大事。面对徐晃，关羽居然被迅速打败了，只能率军退回大本营。要说关羽的防御设施还是相当不错的，外围挖了深壕，还有加了十重的鹿角，障碍设施极为严密，这种防御想从外面进攻是很困难的。可问题是，现在关羽一败就什么也不管了，只是拼了命地往大寨里狂奔。

徐晃也不傻，带领追击部队尾随关羽的败军杀入营中，就像回到自己家一样。关羽的士兵哪里抵抗得住，只能再次拼命逃跑了。不少人为了逃生，主动跳到汉水里了，但很快就被滔滔的河水卷走了。乱军之中，之前投降关羽的荆州刺史胡修和南乡太守傅方也因为逃跑不及，被徐晃军乱刀砍死了。瞬息之间风云突变，樊城之下关羽再无立锥之地，他唯一的选择只能是逃离战场。万众瞩目的羽晃之战就此结束，樊城之围被解开了，关羽浩浩荡荡的襄樊之行宣布彻底失败。

第十一章

关羽最后的挣扎

屠刀已经举起

虽然兵败，但是关羽没有仓皇逃离，依然占据着汉水。汉水阻隔在襄阳与樊城之间，是自然的天险。只要关羽的水军不撤，曹操想打通襄阳通道的计划，就始终只是一个梦想而已。此时，关羽还不清楚，那些他看不起的江东鼠辈和宿敌联合起来了。

如果这时关羽能及时撤军，也许还可以保有荆州。可是关羽没有抓住时机，对占据汉水的优势盲目自信，结果他内心最为鄙视的江东鼠辈们给他压上了最后一根稻草。其实，这一切都是他自己种下的恶果。

此前，水淹七军后，关羽收到于禁的降军数万人。这么多人得解决吃饭问题，可糜芳、傅士仁连自己人的粮草都备不齐。于是，关羽只好自己解决这个问题。他的做法就是去湘关抢孙权的粮草。孙权知道后勃然大怒，下令出兵攻打关羽。事实上，之前关羽的多番羞辱让双方积怨已深，这次湘关抢米事件不过是东吴动刀的借口而已。

孙权打算任命吕蒙为右大都督，堂弟孙皎为左大都督。

按孙权的本意来说，这其实是一番好意。孙皎也是个能干的人，经常带领东吴的精锐部队冲锋陷阵，一个任务由两个人分担完成，看上去轻松，可吕蒙对此提出了异议：“主公您要相信征虏将军孙皎，您就让他当领导；您要是信任我吕蒙，您就让我来干。当初进攻江陵的时候，周瑜、程普分为左右都督，但是在前线意见不合，结果差点儿误了军国大事。”孙权一听，恍然大悟，任命吕蒙为大都督，全权负责前方战事，由征虏将军孙皎负责接应。

随后吕蒙率军隐蔽前出，来到了浔阳，然后便装乘船日夜兼程，逆流而上，直奔南郡而去。屠刀已经高高举起了，可是在汉水上的关羽却依然浑然不觉。

白衣渡江

关羽在前线败退，吕蒙正带上精锐的士兵潜入荆州，此时糜芳和傅士仁对于自己负责的防守工作还是非常认真的，他们严令看管烽火台的屯侯要密切注意敌情。古时士兵需要在烽火台上站岗，观察敌情。如果发现有敌人来犯，就需要释放两种信号，白天放烟叫烽，夜间举火叫燧。所以，烽火台也被叫作烽燧，看管烽燧的士兵一般称为屯侯，又称为斥候，意思是尖兵、侦察兵，在汉代是一个相当重要的兵种，一般来说由行动敏捷的士兵担任。

屯侯们当然兢兢业业，可是过了很多天，似乎没有孙权的一丝影子，只是像往常一样，一艘一艘的商船在江面上川流不息，来往穿梭。就在这些人神经开始放松的时候，有人来敲烽火台的门。

开门一看，是船上的商人。就当屯侯们松了一口气的时候，那些商人一拥而入，拿出绳子把他们捆了个严严实实。这帮商人正是吕蒙的精锐士兵，他们从寻阳出发，换成平常百姓穿的便装，坐船到了这里。这次吕蒙的首要目标，就是蜀军沿江设立的这些烽火台。由于吕蒙他们伪装做得非常好，所以关羽他们竟然一点都不知道，吕蒙的军队已经悄悄地围了过来。这就是白衣渡江的由来。

经过那些小说还有一些影视剧的描绘，很多人误以为白衣就是白色的衣服，这是错误的。东汉末年，所谓的白衣和我们所说的布衣是一个概念，指的就是普通老百姓，白衣渡江其实就是穿上平民的便服渡江。当然，影视剧当中为了视觉效果，让吕蒙和他的士兵们统统披上了白色的披风，这显然是为了刺激观众的眼球。总之，吕蒙和他手下的部队白衣渡江，一点也不费力地解决了关羽的江防部队。等一切被搞定了，驻守荆州的关羽部队才收到消息。

吕蒙不认识公安的守将傅士仁，不过早已想好了对策，这一次出发之前，他专门带上了能说会道的虞翻。根据史料记载，虞翻来到公安，让守城的士兵通报一声，他想和傅士仁说几句话。其实一开始，傅士仁还是坚持原则的，知道虞翻没安好心，就是不肯出来。被人拒绝的虞翻倒也不气馁，回来以后写了一封信给傅士仁。

信的大意是，关羽已经完蛋了，将军您还不为自己考虑考虑吗？即便关羽能全身而退，他一回来您也没有什么好处了，不如投降我们。这话抓住了要害，因为傅士仁本来就怕关羽回来以后要砍死自己。傅士仁平时就痛恨关羽的骄狂，于是干脆直接开门投降了。这样一来，刘备曾经苦心经营的公安就落入了孙权的手里。

这可是一个标志性的事件，公安是刘备的老根据地了，连这里都守不住了，其他地方更不用说了。吕蒙是深刻明白这个道理的。所以，傅士仁投降以后，吕蒙立刻让傅士仁带着大家来到了南郡，准备策反糜芳。众所周知，糜芳是刘备的大舅哥，可这位大舅哥的政治立场跟他哥哥糜竺比差远了，换句话说，他的忠诚度并不高。更要命的是，之前糜方在关羽手下的日子一直不好过，除了因为后勤保障问题曾经被关羽责骂以外，还犯过其他重大的错误。有一次南郡失火，大批的军用物资被烧掉了，糜芳作为南郡太守是必须负主要责任的。为此，关羽提出了带死亡威胁的严肃批评，导致糜芳一直惴惴不安。

有了这些前提，后面的事就不难预料了，傅士仁过来一劝，糜芳几乎没有经过任何犹豫，半推半就地投降了。公安、江陵陆续失守，这意味着南郡彻底失守，归于东吴的版图了。

荆州遂定

吕蒙进入江陵城以后，立刻开展了收买人心的工作，且工作重点落在了关羽和他手下众将士的家属身上。怎么安置这些敌对分子的家属，确实是让人伤脑筋的问题。按照惯例，对于这些人通常就是软禁看押，然后歧视。但是，吕蒙并没有这么做，他规定，善待将士们的家眷，同时不准骚扰城内百姓。

俘虏和侵略者是否能和谐相处，也是一个大难题。没过多久，这个难题就到吕蒙面前了。有一天，吕蒙的一个部下，姑且就把他称为老王，老王对自己的铠甲很爱惜，一看天下大雨了，就向百姓借了一顶斗笠，把铠甲遮住。铠甲是公共财产，不算有罪，可是这事儿不知怎么捅到了吕蒙那儿，吕蒙当场就发飙了，这就是侵犯别人私有财产，下令斩。当时下面的人全傻了，尤其是老王，怎么就要掉脑袋了？旁边有人也出来说情："将军，老王，他也是汝南人，和你是老乡。"可吕蒙听了不为所动，依然是那个字——斩。

吕蒙军纪严明，言出必行，大家一看，还真不是开玩笑的，因为一顶斗笠都敢杀人，于是个个遵纪守法，一时之间，江陵城中秩序井然，路不拾遗。此外，吕蒙还大搞亲民活动，天天该贫问苦，给生病的人送医送药，给饥寒交迫的人送衣服和粮食。南郡的军民都忘记了吕蒙的队伍才是侵略者。吕蒙知道这一切都是攻心为上，他要让关羽的部队彻底崩溃，不是用武力，而是用温暖。对于关羽留存的所有的财产物资，吕蒙一概不碰，全部封存，统统留待孙权来了以后才处理。

关羽听说南郡已经失守，立马就撤军了，并且心急火燎地接连派了好几拨使者与吕蒙联系。对于关羽的使者，吕蒙相当客气，不但好酒好肉地招待，还允许使者在城中自由活动。那些关羽身边将士的家属听说关羽的使者来了，纷纷主动现身，询问自己亲人的情况。一些识字的士兵家属早已经从怀里掏好事先写好的信，交给使者，托他带给家人。

吕蒙这一招太狠了，他容许关羽的使者到处随意打探，就是让关羽手下的士卒能看到自己温和、宽容、有人情味的一面。关羽派来的使者原本以为江陵沦陷了，广大军属们一定生活在水深火热之中，但他看到的恰恰和预想的相反。于是，关羽派来的使者实际上反而成了吕蒙怀柔政策的宣传员。回到关羽的军中以后，使者把事实情况如实转告给军营里的同袍们。

关羽手下的士兵原本气冲冲的，以为吕蒙必定会对自己的家属下毒手，这下好了，听说家人在城里过得比以前更好，没了后顾之忧，谁还有心思打仗？于是，将士们的斗志猛跌，他们不太愿意和关羽一起战斗到底了。这些士兵是没有多少政治观念的，于他们而言，当兵就像打工，谁给的待遇好，就跟谁干。况且现在关羽这个老板已经资不抵债就要破产了，于是关羽手下的将士开始逃亡了。先别说投不投降吕蒙，早一点回到南郡和自己的家人团聚，才是正经事。开始时，他们还是一个两个悄悄地走，到了后来就三五成群地约好一起走，最夸张的时候是一拨人集体消失。

心散了，一切就都散了，要挡是绝对挡不住的。吕蒙不仅轻轻松松地拿下了南郡，还通过南郡彻底摧毁了关羽军队的战斗力，让东吴付出的代价无限接近于零。

没过多久，志得意满的孙权来到江陵。关羽面临的情况越来越糟糕，因为除了江陵等地，荆州其他地方大多数都望风而降了。就连那些少数民族部众的首领也主动投降了孙权。这当中也有拒不投降的，宜都太守樊友就弃郡出走，詹晏更是联合秭归大姓拥兵对抗。可惜，他实力太弱，很快被剿灭了。

这一切来得太快了，就像一场梦。对于孙权来说，这是个美梦；而对于正在路上撤退的关羽来说，这是一场噩梦，而且只是噩梦的开始。关羽是当时最神勇的大将之一，但是他在病人吕蒙面前根本不堪一击，只能一步一步地走向麦城，向着夕阳，走到生命的尽头。

那么，曹操及其手下大将曹仁在这件事中扮演了什么角色呢？就在关羽撤出樊城外围时，城里的曹仁开了次会，会议的主题是应不应该追击关羽。大部分将领都认为应该追击，樊城被关羽围了那么久，即使打不死他，也应该挣点面子回来。这个时候赵俨出来表示反对："樊城被围，孙权趁机在关羽后方捣乱，又怕关羽回去打他，这才和我们联手的。现在关羽在樊城这边失败逃走，我们应该顺水推舟，故意放关羽回去，让他和孙权作对，给孙权制造麻烦。"曹仁听后，觉得很有道理，便停止追击关羽的想法。这次会议后没多久，曹操的命令就来了，内容果然和赵俨说的一致，那就是坚决不能追击关羽。

曹操的一道命令，使自己巧妙地避开了日后刘备的纠缠，同时让孙权和刘备在后来的夷陵之战中打了个你死我活，不仅大幅度削弱了刘备集团的实力，也拖延了孙权扩展版图的脚步，可谓一石二鸟。

败走麦城

败退当中的关羽突然想起了一件事，他之前做梦，曾梦到有一头猪在咬他的后脚跟。这件事是有史料记载的，史料原文说"梦猪啮其足"，这里的啮意思就是紧紧地咬住。关羽把这个梦告诉自己儿子的时候，还曾经感叹："吾今年衰矣，然不得还。"当然，现实比梦境更加可怕，回江陵是不可能了，回公安更是难上加难，唯一的路是向西，回益州去。

想好之后，关羽便带着部队向当阳奔去，那里是孟达的地盘。只要能顺利进入房陵，那么自己就还有东山再起的希望。不过，后来的事实说明，这条路实际上也是一条死路。孙权可没曹操那么仁慈，他要做的是赶尽杀绝。于是孙权下令，不顾一切追上去。

关羽这几个月的经历真是跌宕起伏。他七月开始进攻樊城，八月经过水淹七军，成功俘虏了于禁和庞德，获得大胜，到达了北伐的巅峰。之后，便开始悬崖式地坠落。十月，关羽被徐晃打败，开始了逃亡之旅。到十二月，关羽终于到达了终点，那就是麦城。

麦城的名字虽然不错，但实际上城里并没有多少麦子，更没有多少希望。很快关羽在这里看到了最不愿意见到的人，那就是孙权的使者，使者是来劝降的。现在不仅南郡已经落入孙权的手里，夷陵和秭归也被陆逊攻下了，直接断了关羽退入益州的道路。之后，孙权任命陆逊为右护军、镇西将军，驻扎夷陵，关羽和蜀中的关系就此被彻底断开了。这个时候来的使者，那种居高临下的态度可想而知。

关羽当然是不乐意投降的，虽说他身上有无数缺点，但是有一点却让人们无比钦佩，那就是义气。和刘备亲如兄弟一般的感情，是历经战火考验的，没有半点水分，没有半点作假。尽管曾经投降过曹操，可最后还是舍弃而去，为的就是“义气”二字。尽管如此，对孙权的招降关羽并没有直接明确拒绝，因为他知道不投降是出不去的，所以决定来个假投降。他对使者说：“给我一点时间，我会降的。”当然，这番鬼话，想骗比鬼还精的孙权是不可能的。

消息传回来，还真没吕范什么事。孙权立刻派出潘璋和朱然，分别驻扎于临沮和夹石。这两座城一守，关羽想去房陵，除非插上翅膀。

孙权这边紧锣密鼓地布置，关羽那么也没闲着。等孙权的使者走了以后，他在城头插满了旗子，也插满了稻草人，想玩一把“空城计”，迷惑东吴士兵。史料原文是：“羽伪降，立幡旗为象人于城上，因遁走。”

刚逃出去的时候，关羽身边还有不少士兵，可是一路逃下去，这些士兵陆续都开小差了。等跑到漳乡的时候，关羽再也跑不动了，而且也跑不过去了。在这里，等待关羽已久的东吴士兵围了上来。

关于关羽遇害的地点，史料上有两种不同的说法。《三国志·关羽传》说他被杀于临沮，原文是，“权遣将逆击羽，斩羽及子平于临沮”。而《三国志·吴主传》说关羽被抓获于漳乡。对这一点我们可以分析一下。

根据《三国志·潘璋传》和《三国志·朱然传》的原文可以知道，当时东吴大将潘璋、朱然的部队驻扎于临沮，在漳乡夹石设埋伏，捕获了关羽和他的儿子关平。所以可以这么推测，抓住关羽以后，他们并没有立刻动手杀了关羽。一来这个人实在太有名了，二来他的身份实在太特殊了。事关重大，所以关羽父子最早应该是被关押在临沮，等待孙权的指示。

根据《蜀记》的记载，孙权原本也不想杀关羽，想把关羽留着。一方面可以当一个活招牌，羞辱一下刘备；另一方面，能劝服他变成自己手下一员大将，向北抵抗曹操，也是一举两得。但这个时候有人就劝他了：“主公，您可别忘了，怕是养虎遗患。”一句话惊醒梦中人，孙权一个机灵就醒了。最后，孙权还是杀了关羽。

曹操笑到了最后

至此，襄樊战役彻底结束了，这是三国时期的著名战役，也是真正的三国形成之初，三股势力都参与的一场大战。结果是关羽丢了脑袋，刘备集团很受伤。不管从哪个角度讲，刘备集团是这一次最大的输家。最大的赢家显然就是孙权了，拿下了刘备的荆州三郡，擒杀了关羽，收降了数以万计的荆州士兵，全据长江天险。

孙权把关羽杀了以后，很怕刘备兴师问罪，就想了一个馊主意，他把关羽的身躯留在当阳，以诸侯的礼仪好好埋葬了，同时把关羽的人头作为礼品，打包送给了曹操。这就是明晃晃地嫁祸于人。

曹操不经意收到了这样一份特别的厚礼，一打开就知道孙权不怀好意。要退回去吧，显然不合适，但是留下当替罪羊，曹操还不至于那么傻。曹操想来想去，最后决定以诸侯的礼仪为关羽隆重举行葬礼。而刘备集团也在成都为关羽建了衣冠冢。

无论如何，曹操应该对孙权进行表彰了。于是，曹操以朝廷名义封孙权为骠骑将军，假节，领荆州牧，封南昌侯。

孙权上一次得到朝廷的拜封已经是十九年前的事了。那个时候的曹操正陷于官渡之战，担心孙权会从背后捅自己一刀，急于安抚孙权。可是这一次不一样了，曹操从孙权那儿得到的东西好像并不多，对他的封拜似乎太重了。这是为什么呢？

曹家势力在襄樊大战当中先输后赢，之前给关羽打得差一点儿夹着尾巴想迁都，后来又教唆孙权夺取关羽后方，让关羽首尾不能相顾，直接从事业的全盛时期走向了死胡同。最后，樊城之围被解开了，表面上曹操只是保住了原来的地盘，别的什么利益都没得到。

实际上，靠着这场大战，曹操把所谓的孙刘联盟彻底撕碎了，把刘备和孙权从同盟关系推向了更加直接、更加尖锐的敌对关系了。这就是曹操厚赏孙权的深意所在。孙权处理关羽这件事的时候，显然比曹操差太多了。曹操在关羽势力玩完的时候，已经把关羽看透了，所以不去追赶他，更没必要追上他，要把他留下对付孙权。而孙权在这方面思考欠缺，没有对关羽之后的形势做一次谨慎而又全面的评估，就这么匆匆忙忙地把关羽杀了，下刀的时候很爽，结果却上了曹操的当。

后来，刘备果然按照曹操设计的一样，把所有愤怒都发泄到孙权头上了，倾尽全力，收拾所有的家当过来和孙权死磕，还真的差一点儿就把孙权消灭了。从这一点上来看，曹操才是那个笑到最后的人。

第十二章

群星陨落

孟达降曹

建安二十四年（219）对于刘备集团来说绝对是悲惨的一年。荆州丢了，关羽死了，刘备集团相当于断了一条胳膊，实力大减。谁是失去荆州的罪魁祸首？答案其实很明显，一是关羽，他盲目自大，擅自出兵，导致荆州后方空虚，被孙权钻了空子；二是上庸守将刘封、孟达，他们见死不救，致使关羽无路可走，翻盘无望。按这个顺序来说，关羽应该是第一责任人，至少要付上一半的责任。但死者为大，所以刘备集团对关羽采用了冷处理的方式，既不表彰，也不追责。

按说关羽是为国捐躯，应该有个谥号，刘备和关羽感情这么深，刘备在世的时候却没有给，到后主刘禅时才给了关羽一个荣誉称号——壮缪侯。“武而不遂曰壮，名与实爽曰缪。”这就是说，关羽在领军方面是有能力的，但徒有勇力，功败垂成，没能发挥出来，有点名不符实了。从这个角度讲，刘备集团两代领导人对关羽北伐损兵折将都是有意见的。

当然，对于当时的刘备而言，还不到抱怨的时候，也不可能公开抱怨自己人。已经输得这么惨了，绝对不能再让孙权和曹操看笑话了。如果没有孙权的背信弃义，怎么会有关羽的惨败？所以这个仇是一定要报的。不过，目前还不是时候，应该先解决内鬼，再去解决外敌。内鬼是谁？毫无疑问，就是刘封和孟达。关羽包围樊城的时候，多次写信让对方出兵相助，可是这两人就是充耳不闻，这是什么行为？这就是恬不知耻地搞内耗。说得难听一点，这跟资敌没什么区别，所以必须要追究他们的责任。

不过，冷静下来仔细想想，其实刘封和孟达还不至要戴这么大顶帽子。因为史料当中是这么记载的，“关羽围樊城、襄阳连呼封、达令发兵自助”。这说明关羽只是求助而已，不是求救。发书信的时间也是关羽包围樊城、春风得意之际，而不是关羽败走麦城之时。简单来说，刘封和孟达只是不支持关羽发动这次北伐，并非见死不救。见死不救是可耻的，不支持关羽北伐就说不上有多大的错误了。

毕竟，这次北伐不是刘备集团里内部协商好的事情，而是关羽自己的决定。时机是否恰当，实力是否足够，这些问题大家都是有疑问的。况且关羽的职务是前将军、假节钺，管的是荆州事务，刘封、孟达驻守的上庸、房陵等地方属于益州，不属于关羽管辖的范围。换句话说，刘封和孟达凭什么听关羽调遣？

但是，刘备显然不是这么看的，他一口咬定刘封、孟达就是铁石心肠，正是他们见死不救才导致荆州局面全面崩盘，所以对两人恨之入骨。很明显，这就意味着他们政治生命的结束。不过，这两人现在手中都握有兵权，据守一方，刘备要动手清除他们可不是一件容易的事。所以，刘备一直没下手。虽然没下手，但刀总悬着。这样一来，孟达坐不住了，自己到底该何去何从呢？

孟达，字子敬，扶风郡郿县（今陕西省兴平市）人。后为避讳刘备的叔父刘子敬，改字子度。建安初年，因为饥荒，孟达和好友法正一起入蜀投奔益州牧刘璋。入蜀后，孟达先担任了新都令，后成为军议校尉。他在刘璋手下多年，却并没有受到刘璋的重用。建安十六年（211），刘璋派遣法正和孟达各带两千人去迎接刘备。这两人在路上心意相通，成为“带路党”，一起投靠了刘备。刘备拿下益州后，法正跻身于刘备的左膀右臂之列，孟达也成了宜都太守。

本来如果法正还在，孟达是绝对没有二心的。毕竟以法正和孟达的关系，再凭借法正在刘备面前的地位，帮孟达说两句话，不管有什么误会，也不会下场那么惨。可是万万没想到，关羽死后不久，法正很快就去世了。这下情况就不一样了，孟达估摸着刘备集团的中枢里不会有人再帮自己说话了，还是趁早溜比较好。于是他留下一封书信，带上自己的部曲四千多户，投奔曹魏去了。

孟达降魏的原因比较复杂，不救关羽只是其中一个诱因，和刘备的义子刘封的关系比较紧张更让他如坐针毡。史料记载，刘封这人脾气不太好，喜欢欺负人，有一次居然派人去把孟达的仪仗抢了。“封与达忿争不和，封寻夺达鼓吹。”这里的鼓吹指的就是仪仗。仪仗是古代官员的脸面，把仪仗用品明目张胆地抢走，说明刘封根本不把孟达放在眼里，也不怕他打击报复。这一下，孟达郁闷了。刘封是刘备的义子，自己告状恐怕也告不赢，只好默默忍耐。

刘封平时欺负欺负自己就算了，现在关羽的事情一出，很显然汉中王要找替罪羊、出气筒。刘封别说没什么错，就算有什么错，只要不是罪大恶极，光凭他汉中王义子的身份就可以免责。自己呢？估计会很惨。就算不死，也要脱层皮。刘封本来就讨厌自己，万一他落井下石呢？孟达越想越害怕，越来越觉得是非之地不可久留，然后就迅速带人跑到曹丕那边去了。

虽说投降派人人恨之入骨，但是在政治家眼里，只有有用处和没用处的人。只要有利用价值，那就行了，比如孟达就是这类人。孟达来降，曹丕相当高兴，他没见过孟达，但孟达的大名早就听说了。为了谨慎起见，曹丕还特意派了一些会看相的大臣去看孟达，看孟达的面相如何，是不是对自己的事业有帮助。

虽然看相不那么靠谱，但在当时是评判一个人的重要标准。孙策选孙权为继承人，其中一个重要原因就是孙权有“大贵之表，年又最寿”。大臣们奉命过去转了一圈，回来向曹丕汇报说，孟达形象威武，是个将帅之才，有三公九卿的气度。这么好的一个人来降，那必须重视，于是曹丕亲切接见了孟达。

百闻不如一见。孟达确实和那些看相的大臣说得差不多，长得风度翩翩，一表人才，相当吸引人。曹丕看了相当欣赏，于是一边拉着他的手，一边轻轻拍着他的背，还随便开了开玩笑：“卿得无为刘备刺客邪？”意思是说，将军不会是刘备派来的刺客吧？身为降将，上来就被新主公来了这么一下，估计当时孟达快吓死了。当然，玩笑归玩笑，曹丕对孟达还是比较信任和器重的，封孟达为散骑常侍、建武将军、平阳亭侯，领新城[①]太守，全权负责西南地区的军政要务。

新城郡地方不小，可是那些地方还在刘备的手里，曹丕把那些地方

① 曹丕将房陵、上庸、西城三郡合并为新城郡。

封给孟达，是不是在弄花架子，玩虚的？这里要特别说一下，曹魏集团其实一直以来都有这些实际上属于名誉性质的职务。比如侍中、散骑常侍、散骑侍郎、黄门侍郎等，都是给高级官员做加法用的，平时主要工作就是做魏王 / 皇帝身边的顾问。可别小看这些顾问，没有魏王 / 皇帝的垂青，还真别想轻易得到。一个投降过来的人能得到这般待遇，可见曹丕对孟达的印象还是相当不错的。

虽然曹丕非常器重孟达，但行军长史刘晔不看好孟达，认为他华而不实，没有感恩之心，日后必定反叛。结果又给刘晔说中了，后来孟达真的和蜀汉的诸葛亮私下通信，准备反叛曹魏。这是后话。

至少现在曹丕是比较喜欢孟达的，所以对刘晔的劝告不予理睬。当然，这种信任并非是毫无保留的。孟达来降的时候，只把人带过来了，地盘还在刘备手里，具体来说，是在刘备的干儿子刘封手里。现在他当上了新城太守，当然要把自己的地盘夺过来了。于是，曹丕派征南将军夏侯尚、右将军徐晃和孟达一起出发，袭击刘封，夺取新城郡。从使用降将的政治手腕来看，曹丕比不会用于禁的关羽不知高明多少倍。用别人投降过来的人，回去打他的老东家，这种做派真是够歹毒的。现在的孟达，别说是为了政治前途了，就是为了自己的命，他也别无选择了，只能一条道走到黑了。

刘封之死

孟达降曹一走了之之后，和孟达命运差不多的刘封却很实在。虽然他知道这个时候义父刘备一定很恨他，但是依然没走。不过，不走并不意味着日子好过。虽然刘备没有给刘封任何处分，但他还是惶惶不可终日。关羽的死和孟达的降深深刺激了刘封。正在这时，孟达跟着夏侯尚、徐晃一起来收复新城郡了。

刘封以前曾经欺负过孟达，两个人互相看着不顺眼。但这一趟孟达可是提着自己的脑袋来的，如果任务完成不好，那可真叫“前无去路，后无归途”了。别无选择之下，孟达还是毅然决定抛弃前嫌，专门给刘封写了一封热情洋溢的劝降信。当然，与其说是劝降，不如说是挑拨离间。

信中大意如下：“将军虽然是汉中王的义子，是我们的老大，但请你想一想，汉中王现在立了刘禅为太子，没你的份儿。你要知道，我们都在私下为你抱不平。将军你战功赫赫，将来迟早有一天威胁太子的地位。你仔细考虑一下，即便未来汉中王不杀你，他身边的那些人也会想方设法让大王杀你的，总之你很危险。……当初你不要自己的亲生父母，去做了别人的义子，这是礼数不和；明知大祸临头，却偏偏选择留下，这是不明智；可以弃暗投明，却抱怀疑的态度，这也并非是什么义气。现在你离汉中王还很远，他一时半会儿也拿你没办法，你还有喘息的机会。如果执迷不悟，等我们大军开进，你就没有退路，彻底完了。”

孟达的意思是，刘封干脆和自己一样，做彻底的投降派。至于什么道德良心，就当给路边的狗吃了吧。话说得很糙，听上去也挺让人鄙视的，但是后来的事实证明孟达的说法其实并非毫无道理，有相当一部分还真给他说中了。

刘封的政治立场很坚定，他对于这封善意的劝降信置之不理。孟达他们是有备而来的，早就做好了刘封不愿意投降的准备。不过，刘封立场坚定，并不等于其他人也立场坚定。刘封手下的大将申耽就认为跟着魏王不错。再加上又是孟达的好朋友，于是申耽、申仪兄弟俩就宣布自己起义了，跟着孟达一起辅保魏王。这样一来，刘封就扛不住了，上庸三郡统统丢了个精光不说，自己也狼狈不堪，只能逃回成都去了。

当然，对于刘封来说，他有大把的理由认为自己不需要担责。上庸等地的丢失是因为孟达投降，申耽、申仪兄弟俩背叛。这些原因是自己不可控的，如果硬说自己有责任，责任也不大。再说，自己还是汉中王的义子呢！

可是，汉中王的义子也只是义子，并非汉中王本人。关键的定性拍板，还得看汉中王刘备自己。刘备一看荆州丢了，上庸三郡也丢了，好好的局面变得一塌糊涂，这种事放在谁身上能不郁闷呢？更要命的是，这几件事里面都有刘封的身影。刘备这么一想，自然很生气。于是，“先主责封之侵陵达，又不救羽”。先主是《三国志·蜀书》中对刘备的尊称，意思是说，刘备严厉批评了刘封，列举了他的两大罪状：仗势欺人，导致孟达出走；不救关羽，导致关羽兵败身亡。

作为整个集团最高领导人的刘备表示，要对刘封进行严肃处理。可都到了这个时候，刘封还在执迷不悟，他觉得既然自己已经挨批了，也表示悔改了，应该就没事了。况且自己还是汉中王的义子，作战勇猛，没有功劳也有苦劳，义父总不可能对自己下手。刘封没想到的是，不久之后，情况就开始变得复杂并且恶化了。

刘封是荆州人，原本并不姓刘，而是姓寇。他是长沙刘氏的外甥。当初刘备狼狈不堪地来到荆州投靠刘表时，还没生下自己的儿子刘禅，一看刘封觉得挺优秀，就把他收为养子。刘封也确实是员猛将，气力过人。

刘备入蜀时，刘封就率军随同诸葛亮、张飞等人一起溯江西进，所过之地攻无不克、战无不胜。益州平定之后，刘封被任命为副军中郎将。

建安二十三年（218），刘封又随同刘备攻打汉中，并大胆地向一代枭雄曹操挑战，把曹操惹得火冒三丈。曹操在山底下大喊大叫，要让自己的黄须儿（曹彰）过来，和刘封大战一场。如果刘封只是平庸之辈，曹操哪可能会这么没风度，失态到如此地步。

养子如此优秀，刘备这个做义父的应该很欣慰。可现在刘备的笑容就有点苦了。实诚来说，一开始刘封在刘备心目当中的地位是相当重的。刘备没有亲生儿子，不用说，刘封肩负着继承刘家香火的重要使命。可是人算不如天算，建安十二年（207），刘禅出世了。刘家香火有人继承了，刘封的位置就比较尴尬了，可糟糕的是刘封没有意识到这一点。

不过，刘封麻木不等于别人都没有意识到。他身边的人都意识到了，孟达意识到了，刘备意识到了，诸葛亮也意识到了。这三个人当中，孟达和刘封有矛盾，平时肯定不会主动提醒；刘备还等着别人替自己做决定，所以起关键作用的正是诸葛亮。

诸葛亮对于刘封的态度是非常明确的，就四个字——排除隐患。他很早就意识到刘封不是一个好对付的人，担心刘备哪天有个好歹，刘封会威胁到刘禅的地位，造成整个集团的内部动乱，所以必须早下决心。

刘备一听，觉得相当有道理。虽然自己曾经把刘封当亲儿子，但是亲儿子真的出生以后，刘封就成了多余的人。刘备害怕未来某一天这个假儿子会把自己的真儿子搞定，那样的话，自己这一辈子的辛苦可就白费了。于是，刘备听取了诸葛亮的建议，对刘封起了歪心思。

其实，刘备态度的变化，刘封应该早有察觉才对。刘备当汉中王之前，把刘封从汉中派到上庸支援孟达作战。按照史书的说法，当时刘备是担心孟达的能力有限，完不成任务。可事实上，曹魏的大臣们都说孟达有将帅之才。既然孟达的能力不错，刘备又把刘封派过去了，这种安排只能有一个理由，那就是刘备想把刘封从自己的身边支走，而且这是经过深思熟虑、故意为之的。当然，这次刘封再次证明了自己，与孟达合兵后迫降了上庸太守申耽，并因功升任副军将军。

面对如此出色的刘封，刘备虽然恨他不救关羽，但还是没有动杀机。而诸葛亮的及时提醒，让刘备下定了决心。于是，刘封没过多久就接到刘备的指示——必须死。刘封虽然很猛，但是看到义父对自己的处分以后，又能怎么样？不救荆州，不但让关羽死于非命，还彻底丧失了这块地盘；处理不好与孟达的关系，致使孟达带领部队投降曹魏；现在又丢了自己驻守的那几个战略要地，这当中任何一条罪都可以直接判处砍头的刑罚了。现在集团的最高领导人让自己选择去死的方法，那是看在自己是养子的份儿上，自己应该知足了。

刘封思前想后，实在没有办法，只能去死了。实际上，刘封虽然狂妄一点，但没有任何直接或间接的证据证明他有夺嫡的野心。当然，这些都不重要。权力斗争向来不需要证据。就这一点而言，刘封的冤简直直逼窦娥。

令人遗憾的是，刘封的死不仅是他个人的悲剧，也是整个刘备集团的重大损失。众所周知，人才一直是刘备集团的短板。不少深受刘备信任、器重的人才都陆续去世了，比如庞统、关羽、法正。不久之后，黄忠、张飞、马超等人也相继离世。至于剩下的那些人，虽然人品好、忠诚度高的不在少数，但是真正有水平的并不多，能独当一面的更是凤毛麟角。刘封就是少有的能够独当一面的人才。如果刘封不死，以后诸葛亮北伐的时候就多了一个左膀右臂，也许就不必自己那样疲于奔命了。

当然，历史不能假设。为了保证刘禅能坐稳继承人的位子，刘备只能出此下策。面对义父的命令，刘封百口莫辩，只能一步步走向不归路。据说刘封死前不由自主地哀叹："恨不用孟子度之言。"

刘封死后，刘备听说了刘封不为孟达利诱的事，回想起自己的义子刘封这些年来跟自己鞍前马后，南征北战，立下了众多功劳，心中大觉后悔，不由得老泪纵横。

于禁的窘境

襄樊战役落下帷幕，倒霉的远远不止关羽父子、孟达、刘封，还有于禁。吕蒙兵不血刃拿下了荆州三郡以后，入城的第一件事就是释放正在监狱里的于禁。

于禁尴尬得不行。他在关羽手下就是个战俘，关羽战败了，自己又变成了孙权的战俘。做俘虏已经够倒霉的了，做二手俘虏，那可真是闻所未闻。不过，孙权并不这么看。孙权觉得于禁比较有用，要知道，于禁可是曹操最为器重的外姓将领，曹营"五子良将"之一。这个人一定得让他活着，要让他成为魏国的失败和耻辱。

出于政治的需要，孙权亲切地接待了于禁，并且好言安慰，将于禁留在自己的身边。有一次，孙权带着于禁一起出游，于禁没有想太多，开心地跟着孙权出发了，走着走着，突然边上有人大喊起来，把大家都吓了一跳。原来是虞翻，这声炸雷正是他在开口骂人，他骂的人就是于禁：

“你一个降将，有什么资格和我家主公平起平坐，并头前行。”虞翻觉得光骂还不过瘾，直接抽出马鞭子，准备教育一下于禁。孙权立刻喝止了虞翻的过激行为。

还有一次，孙权在楼船上请大家吃饭，于禁和虞翻都来了。酒席之上自然有歌舞助兴，大家一边吃喝一边看歌舞，于禁心中不知有多少难受滋味。想到这里，于禁忍不住掉下了眼泪。其实，大家也理解，可虞翻却特别不爽，直接就讽刺于禁：“你这是在装可怜吗？”当时于禁就无语了，不知道眼泪是该收回去，还是该继续流下来。

于禁的罪还没有受完。直到魏黄初二年（221），孙权遣使向曹丕称臣，于禁才有机会回到心心念念的北方。

吕蒙之死

襄樊大战以后，孙权夺取了刘备的荆州三郡，擒杀关羽，收降数万荆州士兵，全据长江天险，内心十分兴奋。而策划白衣渡江的吕蒙是首席功臣，必须大大赏赐一番。孙权公布了对吕蒙的赏赐细节：封南郡太守、孱陵侯，赐钱一亿，黄金五百斤。这当中的孱陵侯管辖的地盘就是孱陵侯国，这个地方就在公安。孙权出手相当大方，要知道吕蒙之前以破皖之功，拜庐江太守，这一次又以破公安、江陵之功拜南郡太守。一个人占尽二郡威仪，东吴上下也只有吕蒙一人而已。

吕蒙打仗很在行，人品也相当好，他非常谦虚，表示推辞，功劳都是大家的。可孙权却认为，拿下关羽吕蒙是头功，赏多少都不过分，这点小意思不能推辞。而且还要开会表彰吕蒙所做的贡献。没想到吕蒙坚决地拒绝了孙权的好意，因为他生病了。

吕蒙这里并不是推辞之词，也不是故作谦虚，实际上吕蒙并没有说谎，他真的是病了，而且病情还很严重。一开始孙权以为吕蒙是客气，但是派人把吕蒙接到公安来以后，才发现吕蒙的确病得不轻。

孙权看到吕蒙病得不轻，立马把他安排到了内殿，并找来了医生，精心照顾吕蒙，务必要把吕蒙的病治好。除了给吕蒙找最好的大夫看病之外，孙权本人对吕蒙的病也十分上心，经常去探望吕蒙。看见请来的医生给吕蒙扎针，扎在吕蒙的身上，就像扎在自己身上那么难过。

虽然吕蒙在病中，但他依然没有忘记君臣之间的礼仪，每次孙权来看望他的时候，都尽力去给孙权行礼。次数多了，孙权终于意识到了自己行为的不妥。虽然孙权是真心担心吕蒙的病情，但探望的次数多了，对吕蒙反而造成了困扰。

孙权知道自己这么做是给病人增加负担，可是如果不见吕蒙，他心里实在不安。为了解决这个问题，孙权命人在内殿的墙壁上挖一个小洞，自己想知道吕蒙的情况，便从这个小洞往内殿窥视。孙权确实为吕蒙的病焦心不已，虽失体统，但其心可见。在这一段时间里，孙权简直成了吕蒙身体好坏的晴雨表，如果有人想知道吕蒙病情的好坏，看孙权的脸色就可以了。

如果孙权这一天心情舒畅，对手下人也客客气气的，那不用说，肯定是吕蒙气色好转了。如果孙权这一天愁眉苦脸、唉声叹气，那不用说，肯定是吕蒙的病情又恶化了。

吕蒙病了一段时间后，情况终于有了好转。孙权自然开心不已，他觉得光自己开心还不够，便宣布要大赦天下，希望以此来帮助吕蒙彻底恢复健康。

可惜事与愿违，大赦天下并没有使吕蒙的身体好转。没过多久，吕蒙的病情更严重了，而且眼瞅着就快要不行了。孙权听到消息后，立马赶到了内殿，并且派了道士在星空下为吕蒙祈愿，希望能留住吕蒙的性命。但奇迹最终没有出现，吕蒙还是因病去世了。

在被病魔带走之前，孙权握着吕蒙的手问了一句："爱卿如果不在了，谁能继任都督之位呢？"吕蒙回答："朱然这个人有勇有谋，我认为他可以接任。"孙权对于吕蒙的话十分信任，吕蒙去世后没多久，他就提拔朱然当大都督。

曹操去世

襄樊大战结束后，曹操表奏孙权为骠骑将军，假节，领荆州牧，封南昌侯。孙权也投桃报李，派使者校尉梁寓向曹操进贡，放回了皖城之战被俘的朱光等人，并上书对曹操称臣，还劝曹操自己做皇帝。实际上，曹操麾下的群臣也在怂恿曹操。可是，曹操听了却是长叹一口气，说了一句："若天命在吾，吾为周文王矣。"意思是说，如果上天真让我做皇帝，那就让我的儿子来做吧。曹操说这话的原因很明显，那就是留给他的时间已经不多了。

曹操很清晰地记得，自己最初的志向真的只是拯救天下，只是为了匡扶皇室。他确信自己一开始真的只是想做一个英雄而已，即将到来的死亡唤起了他对英雄梦想的怀念，绝无代汉之心的宣言。对天下人说了这么多次，他清楚地记得这么说的时候，那份庄严感和崇高感，以前是疯狂的向往，现在已经开始淡定的怀旧了。

建安二十五年（220）正月，曹操率军回到洛阳，并在这里度过了人生的最后时光。正月二十三月，曹操留下了最后的遗嘱，这就是赫赫有名的《遗令》。《遗令》当中对于如何埋葬自己做了明确要求。因为有头疼病，很早自己先戴上头巾了，死了以后就不用再换了，死后穿的礼服如同活着的时候一样，不要再另外置办寿衣了。那四箱春夏秋冬的服装就当送葬的衣服，不要陪葬金银珠宝了。

也许死亡的可怕之处，正是到另外一个未知世界里的寂寞，曹操也不例外。在这道遗嘱当中，他特别提到了一个要求，把自己之前的那些小妾和歌姬都安置到铜雀台。并在铜雀台摆上祭品，每到初一、十五，就向这个祭台唱歌跳舞。

当然，曹操也没有忘记他的那些夫人。《遗令》当中要求这些夫人们把熏香分了，之后学做编织丝带和鞋子。虽说曹操身边的女人地位是有高有低的，但是总不至于像丫鬟一样。在主人逝世以后，他们分到的不是金银首饰、绫罗绸缎，竟然只是一簇香，加上一个学做足履以维持生计的临终指示。这一点恐怕不是一个普通的诸侯能做到的，更何况是曹操这样的大英雄、大豪杰。于是，在去世之前，曹操又为后世留下了一个成语——分香卖履。这句成语在后世也有被称为铜雀分香，意思是指人临死之前念念不忘自己的妻儿，也形容霸业已空，风流已散，凭吊怀古。

曹操在洛阳去世，遗体最后被运到邺城，被埋葬在邺城以西的高陵。根据他生前的遗愿葬在邺城西面，西门豹祠以西的丘陵当中，没有封土，没有随葬金玉器物，也没有建设高大坚固的祭奠。曹操的遗愿得到了完全的尊重。

曹操知人善任，赏罚分明。他身上有无数的优点，也有无数的缺点。他是政治家，也是野心家，他是英雄，但也滥杀无辜。这样一个极其复杂的人要盖棺定论真是不容易，所以许劭赠送给他的那个词——奸雄，实际上也是非常恰当的。或许，也只有这个词能准确地概括他的一生。